AF277030

La poesía más allá del verso

Inés de los Ángeles Moreno Sánchez

Ápeiron Ediciones

First Edition by Faber & Sapiens,
an imprint of Ápeiron Ediciones,
in 2025

© Faber & Sapiens
© Ápeiron Ediciones
C/ Príncipe de Vergara, n.º 132, planta 9
28002 Madrid
Tfno. (+34) 611 00 28 41
E-mail: info@faberandsapiens.com
http: www.faberandsapiens.com

Design and layout: Ápeiron Ediciones

ISBN: 979-13-990052-0-2
DL: M-6767-2025

La poesía más allá del verso

Inés de los Ángeles Moreno Sánchez

Bachelor's Thesis

[June 2020]

Universidad de Murcia

Supervisor: José María Pozuelo Yvancos

Faber & Sapiens

ÍNDICE

Resumen y palabras clave

La idea de la poesía más allá del verso alude a la existencia de la poesía en géneros literarios diferentes a la lírica y en artes diferentes a la literatura; de esta manera, se podría considerar como una categoría intergenérica dentro de la literatura e interartística fuera de ella. Desde el ámbito literario interesa como categoría intergenérica, idea representada principalmente por el género del poema en prosa que se propone como medio más eficaz que el tradicional poema en verso para la expresión de la poesía. Su origen se remonta a una de las querellas entre clásicos y modernos durante el siglo XVII: la posibilidad de hacer equivaler la prosa al verso e incluso de que esta ocupara un lugar privilegiado. No obstante, no será hasta finales del siglo XVIII y principios del XIX cuando nazca como género literario.

El poema en prosa ha sido denominado de forma habitual *género de la modernidad*, puesto que surgió de la necesidad del individuo de expresar el hastío que provocaba la vida urbana. Se han señalado algunos rasgos esenciales como la brevedad, la figura del *flâneur* y la *poética de la mirada*, principalmente; sin embargo, dada su diversidad tipológica y su carácter polémico ha resultado difícil llevar a cabo una definición y una caracterización unitaria. Incluso ha sido calificado de *antigénero*, puesto que rechaza toda norma y toda restricción a la libertad creadora, además de encerrar en su propia denominación una aparente contradicción: poesía en prosa.

Palabras clave: poesía | poema en prosa | antigénero | modernidad

Abstract and Key Words

The idea of poetry beyond the verse alludes to the presence of poetry in different literary genres from lyric and in different arts from literature; in this way, it could be considered as an intergeneric concept in literature and an interartistic concept out of literature. Within literary sphere it interests as an intergeneric concept, idea mainly represented by the genre of the prose poem which is proposed as a more effective way than the traditional verse poem to express poetry. Its origin dates back to one of the quarrels between classics and moderns of 17th century: the possibility of writing equally in prose and in verse and even of the former becoming more important. Nevertheless, it will not be born as a literary genre until the late 18th century and the early 19th century.

Prose poem has been commonly named *genre of modernity*, since it arose from the individual's need to express the ennui caused by urban life. Fundamental characteristics have been identified such as brevity, the *flâneur* and the *poetry of the regard,* especially; however, given its typological variety and its controversial nature it has been difficult to conduct a definition and a unitary characterization. It has been even named *anti-genre*, because it rejects any standard and any restriction of creative freedom, in addition to contradicting itself with its very name: prose poetry.

Key words: poetry | prose poem | anti-genre | modernity

1. Introducción

1.1. Objetivos

La idea de la poesía más allá del verso alberga todo un abanico de posibilidades, tanto dentro de la literatura como en otras artes, no obstante, en este trabajo centraremos la atención en su posibilidad en la literatura y, en especial, en el género lírico. En este sentido, la poesía más allá del verso tiene su correlato en una de las polémicas entre clásicos y modernos originada entre la segunda mitad del siglo XVII y el siglo XVIII: la voluntad de hacer equivaler la prosa al verso e, incluso, de que la primera ocupara un lugar privilegiado. Como señala Utrera (1999: 30), ya Fénelon en su *Lettre à l'Académie* (1714) había establecido una separación entre la poesía y el verso, pues consideraba que los recursos tradicionales como la rima impedían a la poesía una verdadera armonía, lo que conlleva una concepción del verso como artificio, idea fundamental de la polémica.

Asimismo, hubo detractores como Voltaire, «quien defendía el estilo elegante del verso al natural de la prosa y veía en la elección de esta una soterrada incapacidad para escribir en verso» (Utrera, 1999: 31). La postura de Voltaire contiene implícita la idea de la decadencia del verso, puesto que, si realmente la elección de la prosa implica una incapacidad para escribir en verso, es evidente que este empieza a alejarse de la sensibilidad del poeta. Independientemente de que implicara realmente una incapacidad, es patente que el verso ya no se adecúa a la intención poética de muchos poetas, puesto que se percibe como una traba para la expresión.

Así, ambas posturas convivirán polémicamente a través de diferentes corrientes literarias, siendo la explosión del poema en prosa en el Romanticismo su punto álgido. Los pioneros en el nuevo género defenderán la elección de la prosa sobre el verso alegando la artificialidad de este, puesto que se presenta como un obstáculo para la expresión sincera del poeta. De la misma manera, sostendrán que la poesía no es exclusiva del verso, sino que también se encuentra en la prosa, por lo que se insistirá en la equivalencia de ambos, prosa y verso. Se trata, en fin, de las dos ideas fundamentales que contiene la posibilidad de la poesía más allá del verso en la literatura, en la lírica: la poesía no solo se encuentra en el verso y, por lo tanto, puede apreciarse en la prosa que se considerará más eficaz para la expresión de la poesía por carecer de las restricciones del verso. De este modo, surgirá la poesía en prosa.

Por consiguiente, el objetivo principal de este trabajo es realizar un acercamiento al género literario que encabeza dicha cuestión: el poema en prosa. Hemos de tener en cuenta que se trata de un género controvertido, pues su teoría cuestionó la tríada clásica y la concepción que hasta entonces se tenía de poesía y de literatura. De acuerdo con Utrera (1999: 12-16), incluso se ha llegado a denominar *antigénero*, ya que se caracteriza fundamentalmente por el rechazo a toda norma. Se trata, asimismo, de una continua tensión entre dos polos: el elemento prosaico y el elemento lírico, síntoma de su modernidad. En este sentido, la problemática que lo acompaña ha dificultado una definición unitaria y ha dado lugar, asimismo, a muy variados tipos, por lo que se acepta de forma general su condición polimórfica. De hecho, algunos estudiosos defienden que es una creación individual que se actualiza en cada autor y en cada obra, por lo que el criterio más conveniente, según Utrera (1999: 15), sería la intención del autor.

El poema en prosa surge estrechamente ligado a su contexto histórico, pues nació como género de la modernidad: tras la Revolución Industrial, con el consiguiente abandono del campo por la ciudad y de la economía autosuficiente por el trabajo en fábricas, los poetas –los artistas, en general– sintieron la imperiosa necesidad de expresarse de forma distinta, de acuerdo con los cambios que la sociedad estaba experimentando (Sánchez, 1999: 12-13). La Revolución Francesa no hizo más que acentuar dicha necesidad, convirtiéndose en símbolo de la libertad y del cambio. Por este motivo, el presente trabajo dedicará un subapartado al contexto histórico-literario dentro del marco teórico, pues no se puede comprender el género sin conocer las causas que lo impulsaron a ser creado.

De igual modo, se destinarán dos subapartados que constituirán diferentes acercamientos al género en sí: en primer lugar, el origen, los antecedentes y el desarrollo en Francia y, en segundo lugar, el origen, los antecedentes y el desarrollo en España, pues se ha considerado conveniente conocer la trayectoria del género en su país de origen, así como su repercusión y peculiaridades en nuestra literatura.

Por último, se reservará un apartado para la definición, características y tipología del poema en prosa a modo de cierre, considerándolo oportuno una vez conocido su recorrido histórico tanto en Francia como en España. Sin embargo, dado que se ha concebido más como una poética que como un género literario en sí, la tarea de definición, caracterización y clasificación de tipos se muestra ardua, ya que los estudiosos difieren en su perspectiva e incluso difieren de la perspectiva de los propios poetas rechazando, en ocasiones, la pertenencia de las mayores obras al género. A ello contribuye la escasa atención teórica que se ha prestado en general al poema en prosa, sobre todo, en España, pues en sus inicios no constituyó una verdadera preocupación para los poetas y teóricos dieciochistas. Por esta razón, se hará especial hincapié a lo largo del trabajo a los testimonios de los propios poetas que, como Wordsworth o Baudelaire, defendieron la novedad de su obra y pensamiento.

En definitiva, este trabajo se propone indagar en una cuestión, si bien polémica, sumamente interesante y actual: seguimos preguntándonos desde tiempos remotos qué es la poesía, pero pocos conciben la posibilidad de una poesía en prosa que pudiera constituir, si no un paso adelante en la respuesta, al menos una indagación suficiente que ampliara nuestro horizonte de expectativas. De la misma manera en que Wordsworth advirtió a los lectores de sus *Lyrical Ballads* que para disfrutar de su obra debían olvidar las *normas de crítica* tradicionales (Wordsworth, 1999: 51), también es preciso realizar un ejercicio de deconstrucción para comprender esta posibilidad de la poesía más allá del verso. No es de extrañar tal ejercicio si tenemos en cuenta que se trata de un género revolucionario, símbolo de la libertad creadora del genio que niega cualquier norma; es, en fin, un antigénero, una paradoja, una unión de contrarios: poesía en prosa.

1.2. La poesía más allá del verso

Si bien este trabajo se propone indagar en el género literario del poema en prosa, hemos de tener en cuenta que no se trata de la única posibilidad que sugiere la poesía más allá del verso, puesto que la cuestión apunta a una idea mucho más amplia que abarca distintas artes y distintas formas de literatura: la poesía como categoría interartística e intergenérica. En este apartado se atenderá a algunas de las causas que hacen posible la existencia del poema en prosa, causas que generalmente duermen en nuestra conciencia y nos permiten identificar la poesía más allá del verso. Y es que, en ocasiones, sentimos ante la contemplación de un cuadro, la visualización de una escena cinematográfica, la audición de una pieza musical o la lectura de un fragmento de novela que contienen *algo poético*. En consecuencia, solemos utilizar de manera intuitiva tal concepto más allá de la poesía propiamente dicha e, incluso, más allá de la misma literatura.

El propio *Diccionario de la lengua española* ofrece tres acepciones de *poesía* sumamente interesantes: «1. f. Manifestación de la belleza o del sentimiento estético por medio de la palabra, en verso o en prosa», «6. f. Idealidad, lirismo, cualidad que suscita un sentimiento hondo de belleza, manifiesta o no por medio del lenguaje» y «7. f. Arte de componer obras poéticas en verso o en prosa». Por un lado, las acepciones primera y última señalan que la poesía se puede expresar tanto en verso como en prosa; por otro lado, la sexta acepción señala que «la poesía sería, sí, el corazón de la literatura, pero que puede residir también fuera de ella» (García, 2014: 11). Estas son, en fin, las dos ideas fundamentales que encierra la posibilidad de la poesía más allá del verso.

Con el fin de ilustrar lo expuesto en el párrafo anterior, es interesante que nos adentremos en un fragmento del prólogo a *El reino de este mundo* de Alejo Carpentier en el que podríamos identificar, salvando las distancias, *lo real maravilloso* con la poesía o *lo poético*:

> Lo maravilloso comienza a serlo de manera inequívoca cuando surge de una inesperada alteración de la realidad (el milagro), de una revelación privilegiada de la realidad, de una iluminación inhabitual o singularmente favorecedora de las inadvertidas riquezas de la realidad, de una ampliación de las escalas y categorías de la realidad, percibidas con particular intensidad en virtud de una exaltación del espíritu que lo conduce a un modo de *estado límite*. Para empezar, la sensación de lo maravilloso presupone una fe (Carpentier, 2018: 7-8).

¿No es el poeta y, por extensión, el artista aquel al que se le revela la realidad de una forma distinta, incluso privilegiada? ¿No es aquel que facilita esa ampliación de las escalas y categorías de la realidad, la apertura a un nuevo mundo expresado a través de una perspectiva diferente al lector, al público? **¿No se** ha relacionado continuamente al poeta con un médium y se le ha atribuido esa exaltación del espíritu, ese *estado límite* en la inspiración? En fin, ¿acaso la poesía no requiere cierta fe?

A este respecto, resulta curiosa la concepción que un poeta como Juan Ramón Jiménez asume de la poesía, muy afín a la idea de lo real maravilloso: para él, a la poesía no se llega nunca «si su reino no se pone en contacto con nosotros, si ella no viene a nosotros, si no la merecemos con nuestra inquietud y nuestro entusiasmo. De ahí que se pretenda decir, a la manera platónica, que el poeta es un medio, un poseído de un dios posible» (Jiménez, 1981: 135). Asimismo, cabe prestar atención a la idea de Julio Cortázar sobre la elección del tema en el cuento, afín, del mismo modo, a la idea de Carpentier y Jiménez, pues conlleva la imagen implícita de una fuerza superior: «A veces el cuentista escoge, y otras veces siente como si el tema se le impusiera irresistiblemente, lo empujara a escribirlo» (Cortázar, 2009: 408). Igualmente interesante resulta su intención de hacer arraigar la voluntad artística en la experiencia, en la realidad, por lo que «si le falta una motivación entrañable [al cuentista], si sus cuentos no nacen de una profunda vivencia, su obra no irá más allá del mero ejercicio estético» (Cortázar, 2009: 413).

Por consiguiente, podemos concluir que la poesía se encuentra en la naturaleza, en el mundo, en la vida: el poeta la recoge de *entre la yerba*, se le revela a cada paso. A este respecto, García (2014: 40) recoge una cita de Steiner muy apropiada: «Leemos poemas y novelas, miramos pinturas, porque, aunque a menudo sean de un desconcertante estilo oblicuo o enmascarado, son del mundo o tratan sobre él». En consecuencia, si comprendemos que la poesía pertenece al mundo, que se encuentra en la vida, en la naturaleza y se impone con la fuerza del rayo, ¿por qué iba a conocer límites su expresión? ¿Cómo podría yacer exclusivamente en el verso?

De esta manera y, de acuerdo con las dos ideas fundamentales ya mencionadas, es preciso distinguir dos formas de expresar la poesía: a través de medios diferentes a la palabra, es decir, a través de otras artes como la fotografía o la pintura –con las que, de hecho, se ha comparado frecuentemente– y a través de discursos distintos al poético –entendido como género literario–, como la novela, el cuento o el ensayo, géneros que también han dado pie a numerosas comparaciones.

Por un lado, como ejemplo de la poesía más allá de la literatura, resulta especialmente interesante la tradicional comparación entre poesía y pintura o, en una época más moderna, entre poesía y fotografía; por otro lado, y en correlación con la fotografía, tomaremos como ejemplo de la poesía más allá del verso el cuento. Por esta razón, cabe mencionar la analogía que establece Julio Cortázar entre la fotografía y el cuento al que concibe –y concebimos– como «hermano misterioso de la poesía» (Cortázar, 2009: 404). Ciertamente, los límites entre el poema en prosa y el cuento pueden ser realmente difusos, como tendremos ocasión de comprobar.

Cabe advertir que, a pesar de que se defienda en este trabajo una concepción amplia de poesía que no se limita al verso, ni tan siquiera a la literatura, se utilizará frecuentemente dicho término para hacer referencia al género literario tradicionalmente conocido como lírica, no a la pretendida categoría interartística o intergenérica que se propone para evitar confusión.

Así, en primer lugar, la poesía se relaciona con la fotografía por la llamada *poética de la mirada*, puesto que esta se establece como elemento fundamental para la percepción de la realidad y de sus *inadvertidas riquezas*. Tanto el poeta –principalmente, en la tradición del poema en prosa– como el fotógrafo se sirven de la mirada para aprehender la realidad y expresarla a través de las palabras o a través de una instantánea, lo cual contiene implícita la idea de *presentez*, esa actualización del poema en su lectura y, paralelamente, de la imagen en su instantánea. El tiempo, tanto en fotografía como en poesía, queda apresado en una suerte de presente, de vivencia intemporal que transporta al lector o al espectador al momento de la escritura o de la captura. Como veremos, la poética de la mirada está estrechamente vinculada a la figura del *flâneur* o paseante cuya voluntad de aprehender la realidad circundante ofrecerá, en gran medida, el lirismo y la originalidad del poema en prosa.

En segundo lugar, la poesía se relaciona con el cuento por esa voluntad de describir una escena o de narrar una historia que sean significativas, puesto que ni el poema ni el cuento se proponen recrear una parcela de la realidad simplemente, sino que el hecho de escoger cierto tema ya dispara un abanico de interpretaciones posibles que trascienden la mera anécdota. En este sentido, fotografía, cuento y poesía funcionan «como una especie de *apertura*, de fermento que proyecta la inteligencia y la sensibilidad hacia algo que va mucho más allá de la anécdota [...]» (Cortázar, 2009: 406). Por esta razón, se señalan la intensidad, la brevedad y la tensión como características fundamentales del cuento, lo que también se ha considerado para el poema en prosa con una excepción:

el poema en prosa no crea una intriga. Más adelante insistiremos en esta idea.

En definitiva, para autores como Aullón de Haro la poesía en otras artes y en otros géneros literarios constituye dos posibilidades expresivas legítimas, pues, por un lado, «Es sabido que la poesía se encuentra en distintas formas de discursos […], lo cual hace patente la separación de la sustancia estética poesía de los límites de género» (Aullón de Haro, 2016: 116) y, por otro lado, «Cambian los medios según las artes, y en ellas permanece en cuanto tales la intensa *vivacidad* que es la poesía» (Aullón de Haro, 2016: 119). Si comprendemos la poesía en este sentido laxo y aceptamos que se puede expresar, a través de otras artes –puesto que la poesía yace en la naturaleza, en la vida, en el mundo esperando esa mano de nieve que sepa arrancarla–, poco nos queda que defender de la existencia de la poesía en prosa que se nos revela, ahora, inevitable.

2. MARCO TEÓRICO: ESTADO DE LA CUESTIÓN

2.1. Contexto histórico

Tal y como se ha indicado en la introducción, el poema en prosa hunde sus raíces en el siglo XVIII de la mano de la Revolución Industrial y de la Revolución Francesa, pues muchas de sus obras están inspiradas en una de sus principales consecuencias: la decadencia de las ciudades. A pesar de nacer como género literario durante el Romanticismo, se gesta como poética durante la Ilustración, sin mencionar los precedentes clásicos demasiado lejanos, no obstante, para la nueva concepción de poesía –ya Aristóteles se planteó esta cuestión, si bien de forma muy distinta (Utrera, 1999: 11)–. En virtud de ello, este apartado pretende contribuir a una mejor comprensión del origen del poema en prosa, pues surgió estrechamente ligado a su contexto socio-histórico.

Por una parte, la Revolución Industrial –iniciada hacia 1760 en Gran Bretaña– provocó un éxodo del campo a la ciudad por parte de familias que dejaron atrás una economía agrícola autosuficiente por el trabajo abusivo en fábricas. Las condiciones de vida y de trabajo fueron deplorables, «haciendo que los nostálgicos del campo vieran la ciudad como la encarnación del mar» (Sánchez, 1999: 13). Por contraposición, surgió una clase media adinerada que pudo dedicarse en muchos casos al estudio y tuvo la oportunidad de exigir, así, sus derechos. Tal entusiasmo contagió a la clase obrera y pronto una parte importante de la población formó «parte activa en el proceso histórico de su propio país, demandando reformas políticas y sociales» (Sánchez, 1999: 13) y extendiéndose, más tarde, al resto de Europa.

Por otra parte, la Revolución Francesa (1789) «supuso la detonación que esperaban cuantos estaban firmemente concienciados de la necesidad de un cambio» (Sánchez, 1999: 14) y las clases media y baja comenzaron a cobrar un verdadero protagonismo: «será un esfuerzo por ajustarse a la realidad social» (Sánchez, 1999: 14), lo cual se verá reflejado en las obras literarias, si bien no siempre como tema, al menos sí como poética –veremos, más adelante, el caso de William Wordsworth–.

Nos situamos, pues, en el período neoclásico en cuanto a las artes, período en que el orden y la razón –de la mano del pensamiento ilustrado– fueron fundamentales. Se trata del retorno a la estética clásica a través de la imitación de los modelos grecolatinos: «La mímesis como principio fundamental de la poesía y el arte fue aceptada casi como un dogma estético hasta el siglo XVIII» (García, 2014: 30), por lo que la verosimilitud y el decoro fueron los criterios fundamentales para conseguirlo (Estébanez, 2015: 386), restricción que romperá radicalmente el Romanticismo.

Cabe hacer referencia a la distinción que establece Aullón de Haro (2016: 73) entre la Ilustración neoclásica de la enciclopedia francesa y la Ilustración idealista alemana de la que surgirá, más tarde, el Romanticismo. El teórico considera esta última eminentemente anticlásica, por lo que representará la «Poética de la Modernidad» (2016: 77), concepción que favorecerá el origen del poema en prosa. A este respecto, resulta suficientemente esclarecedora la siguiente cita:

> La teoría idealista es aquella que hasta hoy nos alcanza, si bien muy mediatizada, primero por el Romanticismo, después por la radicalización objetualista de la *novedad* a manos de la Vanguardia histórica, más tarde por la Neovanguardia y, actualmente, por la caída del valor y la trivialización posmoderna (Aullón de Haro, 2016: 80).

Como ya hemos adelantado, el Romanticismo romperá con la doctrina neoclásica y hará prevalecer los sentimientos sobre la razón. Se trata de una mirada introspectiva hacia el *yo* individual del artista que plasmará su visión del mundo, subjetiva y única, sobre su obra. Con el

Romanticismo «La poesía es sobre todo *expresión* o exteriorización de una fuerza interior, la del sentimiento, la sensibilidad o la imaginación desbordada del *genio* del poeta» (García, 2014: 41).

Podríamos trazar una serie de diferencias entre el neoclasicismo y el Romanticismo, de acuerdo con Sánchez (1999: 18), para una mejor comprensión de ambas corrientes literarias. Así, pues, el neoclasicismo se caracteriza principalmente por la tendencia a la realidad racional y objetiva, por la aceptación de los convencionalismos sociales, por la estratificación social en la literatura y por un *yo* abstracto y colectivo, mientras que el Romanticismo se caracteriza, al contrario, por la defensa de la parte irracional y subjetiva del pensamiento humano –considerado parte de la *Naturaleza indomable*–, por la pretendida sencillez y sinceridad sin trabas y por el *yo* individual e intransferible. En definitiva, de acuerdo con García (2014:10), la nueva concepción de poesía y de literatura surge

> en buena medida como liberación de las restricciones preceptivas que el pensamiento clasicista había impuesto al concepto de poesía; tarea que se emprende primero en nombre de la razón (Ilustración) y se consuma luego bajo la advocación del 'genio' y la apoteosis de la subjetividad (Romanticismo). El resultado es la ampliación del ámbito de lo literario, capaz de acoger nuevos géneros (García, 2014: 10).

Es, llegados a este punto, cuando se gesta la atmósfera propicia para la creación del poema en prosa que surge fundamentalmente como necesidad expresiva del individuo urbano para el que la ciudad se presenta como una suerte de infierno que se extiende a todos los ámbitos de la vida: «Or le poète est toujours un *chercheur de paradis*, et, partout, jusque dans l'amour et dans la nature, il trouve son enfer» (Lemaitre, 1962: 18). Siguiendo a Utrera (1999: 73), el poeta ha perdido el status social que lo privilegiaba en otro tiempo y se ha convertido en cierto modo en un ser marginal, pues su sensibilidad difiere radicalmente de la del resto de la sociedad, algo evidente en un poeta como Baudelaire. Debido a este cambio, el poeta «siente la necesidad de dar un giro a las ya anticuadas formas expresivas» (Utrera, 1999: 73), por lo que se inicia la búsqueda de un lenguaje nuevo para las modernas literaturas y se rechaza el verso como única vía de expresión para la poesía, pues supone una limitación para la libertad creadora del genio.

Dado que hemos considerado que la poesía se encuentra en el mundo, en la vida, en la naturaleza el poeta romántico, ávido de una transformación revolucionaria, no puede contemplar ya una poesía supeditada al verso, siendo este un elemento que se le antoja artificial: se hace así cada vez más evidente la posibilidad de una poesía en prosa liberada de las antiguas ataduras. En consecuencia, el privilegio del verso se cuestiona, lo cual se ve influido, según Utrera (1999: 11), por el auge que experimenta la prosa y la crisis de los géneros tradicionales anclados en la poética clasicista.

William Wordsworth: Preface to Lyrical Ballads

Como ya se ha indicado en la introducción, prestando atención al pensamiento de los propios poetas —en este caso, del Romanticismo— alcanzaremos una mejor y más profunda comprensión de su estética, así como de las causas que propiciaron el nacimiento del nuevo género. Por ello, merece especial consideración William Wordsworth, máximo exponente del romanticismo inglés que rechazó la poética neoclásica de forma rotunda: según Sánchez (1999: 17), fue el pionero en la llamada *revolución poética*. En el *Preface to Lyrical Ballads* (1800-1802), considerado el manifiesto romántico por antonomasia, el poeta defiende su revolucionaria concepción de la poesía, aunque considera su obra aún como un experimento, lo cual es síntoma de su novedad.

De este modo, Wordsworth se distancia de la poesía de sus coetáneos calificándola de «inane phraseology» (Wordsworth, 1999: 34), puesto que la considera alejada de la realidad de la que emana. Su objetivo, pues, fue escoger hechos de la vida cotidiana para describirlos por medio de una selección del lenguaje que realmente utilizara la gente y hacerlos trascender a través de la imaginación. Por tal razón, el poeta se decantó por el lenguaje de los campesinos en la medida en que se encontraban en menor contacto con las pasiones perniciosas de la ciudad. En definitiva, su propósito general fue «to follow the fluxes and refluxes of the mind when agitated by the great and simple affections of our nature» (Wordsworth, 1999: 42), puesto que considera que el sentimiento hace trascender la acción, y no al contrario (Wordsworth, 1999: 44).

No obstante, la idea más importante que defiende el poeta en relación con nuestro tema es la inexistencia de diferencias esenciales entre el lenguaje de la prosa y el de la poesía, puesto que no se trata de contraponer el verso a la poesía, sino a la prosa (Wordsworth, 1999: 54). A pesar de todo, Wordsworth no fue el primero ni el único que se planteó dicha cuestión, pues ya durante los siglos XVII y XVIII, en el seno de la mencionada querella entre clásicos y modernos, «El ideal de claridad en la prosa, común a numerosos preceptistas, fue recogido por Malherbe [entre otros], para quien no existen diferencias esenciales entre la poesía y la prosa, a excepción del metro» (Utrera, 1999: 30). De igual modo, autores como D'Alembert o Jaucourt entienden que «la esencia poética no viene dada por el metro, sino por el entusiasmo, tanto en el verso como ahora en la prosa» (Utrera, 1999: 32).

Asimismo, algunos estudiosos y poetas –como Wordsworth– consideraron que ni el ritmo ni el orden métrico eran suficientes para separar el lenguaje poético del lenguaje cotidiano, ni para diferenciar la prosa de la poesía: la propia selección de los hechos constituye de por sí una distinción suficiente, pues, si el tema es adecuado, conducirá a las pasiones requeridas. Por ello, Wordsworth defenderá la equivalencia entre poesía en prosa y poesía en verso, pues si son de calidad, no deben diferir en lo esencial la una de la otra:

> not only the language of a large portion of every good poem, even of the most elevated character, must necessarily, except with reference to the metre, in no respect differ from that of good prose, but likewise that some of the most interesting parts of the best poems will be found to be strictly the language of prose when prose is well written (Wordsworth, 1999: 52).

Finalmente, resulta oportuno prestar especial atención a sus definiciones de *poesía* y *poeta*, puesto que revelan espléndidamente su *yo* interior. Así, por un lado, define la poesía como «the spontaneous overflow of powerful feelings» (Wordsworth, 1999: 41), lo cual se relaciona directamente con el rechazo al verso, que impide ese espontáneo fluir de los sentimientos. Por otro lado, considera que el poeta es una persona dotada de una mayor sensibilidad –hipersensibilidad, podríamos decir– y de un mayor conocimiento de la naturaleza humana que se deleita contemplando «similar volitions and passions as manifested in the goings on of the Universe, and habitually impelled to create them where he does not find them» (Wordsworth, 1999: 60). Por esta razón, considera al poeta poseedor de una mayor predisposición para expresarse, «especially those thoughts and feelings which, by his own choice, or from the structure of his own mind, arise in him without immediate external excitement» (Wordsworth, 1999: 60).

Sin embargo, y a pesar de todo, Wordsworth escribió sus *Lyrical Ballads* en verso por el atractivo añadido que este confiere y porque, según él, mitiga «the painful feeling which will always be found intermingled with powerful descriptions of the deeper passions» (Wordsworth, 1999: 86). En consecuencia, a pesar de elevar la prosa al nivel de la poesía, es decir, del verso, no rechaza el uso de este como dador de belleza, de suavidad, de atractivo. Se trata, en el fondo, de dos formas distintas de expresar la poesía. En este sentido, la elección del verso no supone una degradación en la verdad de las pasiones, ni una contradicción en la postura del poeta: no se trata de sustituir la poesía en verso por la poesía en prosa, sino de aceptar la existencia de una nueva forma de expresar la poesía.

2.2. El poema en prosa: género literario

El poema en prosa como nuevo género para la expresión poética exige una nueva definición de la poesía ya desligada del verso, lo cual desemboca de igual modo en una nueva actitud ante a la lectura, pues la disposición tipográfica jugará un papel importante. Muchos poetas condenarán la escritura de poemas en verso sin rima, pues no se diferenciarían de los poemas en prosa más que por su disposición tipográfica. Por esta razón, un poeta como Juan Ramón Jiménez concebirá un lector modelo *ciego* para el que resultaría imposible distinguir la prosa del verso sin la rima:

> Para un ciego el verso y la prosa serían iguales. Y en realidad no existe el verso más que por el consonante y el asonante, por la rima. El ciego es siempre una gran autoridad para la escritura poética. Si no se viese escrita la poesía, ¡qué distintas serían las opiniones sobre ella! (Jiménez, 1981: 193).

Cabe destacar que el ritmo, a diferencia de la rima, no es en absoluto rechazado por los poetas y teóricos para el poema en prosa, pues se postula como rasgo distintivo del mismo. No obstante, habrá autores que estén en desacuerdo, pues alegarán que el ritmo no es exclusivo del lenguaje poético, sino que yace en la naturaleza misma del lenguaje humano y se intensifica en la poesía (Aullón de Haro 2016: 119), que nace de «un movimiento *interior* en armonía expresiva con todo lo que le rodea» (Utrera, 1999 32).

En suma, el nuevo género se concibe «como modalidad discursiva más libre que el verso, más adecuada a la expresión de la verdad y más accesible al público» (Utrera, 1999: 23). Es esa mayor y mejor adecuación a la verdad es lo que impulsa al poeta a elegir la prosa para expresar la poesía: si se comprende que el verso es límite, impide la expresión fiel del espíritu del poeta. Se vislumbra, en el fondo, la búsqueda de la palabra perfecta, cuestión que se reitera a lo largo de la historia de la literatura, especialmente, desde Baudelaire hasta al menos la Vanguardia europea del siglo XX: «El poema en prosa es desde Baudelaire una de las tentativas más importantes de ese continuado propósito» (Utrera, 1999: 73).

Origen y antecedentes

El poema en prosa tiene su origen en Francia, donde cuenta con una prolífica trayectoria. En primer lugar, es preciso señalar que la rígida versificación francesa de los siglos XVII y XVIII dio lugar a los poemas en prosa épicos y novelísticos, así reconocidos por Boileau o Du Bos, según Utrera (1999: 30). Estos poemas en prosa, si bien no pertenecen estrictamente al nuevo género, constituyen sus antecedentes más importantes. A este respecto cabe destacar *Télémaque* (1699) de Fénelon, pues evidencia un deseo de libertad rítmica paralelo a la intención de renovar la prosa en la literatura francesa.

Siguiendo a Utrera (1999: 29), cabe mencionar que Fénelon se propuso evocar los cantos épicos de Homero y Virgilio en esta obra, por lo que no se desprende de lo narrativo y elevado de la épica; esta es la razón por la que no se consideran poemas en prosa propiamente dichos. No obstante, su inclinación por la prosa como medio de expresión menos rígido resulta reveladora y es su *Télémaque* la obra que dará pie a la polémica entre clásicos y modernos que desembocará, a su vez, en la creación del nuevo género.

Otro antecedente del poema en prosa que cabe destacar es la obra de Chateaubriand, si bien el autor negó cualquier relación con la poesía –que asociaba al verso–, «llegando incluso a excusarse por haber empleado la palabra *poema* para referirse a *Atala* (1802)» (Utrera, 1999: 38). A pesar de ello, el elemento descriptivo en Chateaubriand será de suma importancia para el posterior pequeño poema en prosa y para la obra de Aloysius Bertrand que sirvió como modelo para Baudelaire: «Las canciones de *Atala* son, para Bernard, precedente directo del *Gaspard de la Nuit* de A. Bertrand» (Utrera, 1999: 39). La influencia de Chateaubriand se extenderá no solo por Francia, sino por toda Europa, contribuyendo al asentamiento así de la prosa poética sobre la que volveremos más adelante.

A este respecto, cabe realizar una aclaración entre dos denominaciones: el pequeño poema en prosa y el poema en prosa. Este último se utilizó en su momento para denominar poemas en prosa épicos –extensos– más cercanos a la novela que a la poesía, por lo que no hacía alusión al género del poema en prosa como se entiende hoy en día, ya que se erige como tal a partir de Baudelaire y de sus *Petits Poèmes en Prose* (1862). El poema en prosa, pues, poseerá como rasgo distintivo la brevedad que lo diferenciará de la prosa poética que se inserta en obras igualmente demasiado extensas. No obstante, se vincula estrechamente con el poema en prosa, puesto que evidencia otra posibilidad de la poesía más allá del verso. A este respecto, cabe destacar la influencia de la prosa poética de Rousseau en el pequeño poema en prosa:

> La aparición de diarios íntimos, autobiografías, confesiones, meditaciones, cartas y escritos personales concebidos como desahogo y *expresión* del alma del artista son portadores de la auténtica poesía, identificada ahora no con el artificio sino con la sinceridad y el sentimiento. Son, sin embargo, obras demasiado largas para ser consideradas plenamente líricas (Utrera, 1999: 35).

Como hemos podido intuir, «la renovación de la literatura viene en buena parte del lado de la prosa, bien por el deseo de acercar la poesía en verso al lenguaje prosaico y cotidiano, bien por el desarrollo de distintos géneros de literatura en prosa» (Utrera, 1999: 40), de hecho, son dos grandes prosistas como Rousseau y Chateaubriand quienes la encabezan. En definitiva, la aparición del poema en prosa es consecuencia del desarrollo de la prosa poética «que se prolonga a lo largo de todo el siglo XIX y que pervive en el siglo XX» (Utrera, 1999: 41), llegando incluso a relegar a un segundo plano el poema en prosa.

De acuerdo con Utrera (1999: 24), hay toda una serie de géneros prosísticos que propician el nacimiento del poema en prosa como los poemas en prosa épicos con fragmentos líricos, los fragmentos sueltos publicados en revistas, los cuadros de costumbres o la proliferación de traducciones en prosa de obras en verso, entre otros. «Esta diversidad en los antecedentes, tanto de carácter narrativo y descriptivo como subjetivo y lírico, explica la variada tipología que ofrece el género del poema en prosa y su difícil definición» (Utrera, 1999: 41).

Especial atención merecen las traducciones en prosa de obras en verso, puesto que demostraron que el verso no era condición indispensable para expresar la poesía: constituyeron una suerte de *punto de no retorno*. En este sentido, cabe destacar las *Chansons Madécasses* (1787) de Parny, ya que «marca el inicio del poema en prosa bajo la fórmula de la pseudo-traducción» (Utrera, 1999: 54) y suponen para *Atala* un antecedente directo. En el ámbito de la lengua española, es fundamental subrayar la importancia de las *Noches lúgubres* (1790) de Cadalso, pues, si bien fueron una libre adaptación de la obra en verso de Young, resulta crucial que Cadalso se decantara por la prosa.

Por un lado, para Utrera (1999: 46) Novalis establece con sus *Himnen an die Nacht* (1800) la primera poética del poema en prosa que se desarrollará de forma plena en Baudelaire, Rimbaud y Mallarmé. Por otro lado, para Aullón de Haro (2016: 143) esta será razón suficiente para considerarla el punto de partida del nuevo género, en lugar de la obra de Aloysius Bertrand. Sin embargo, y de acuerdo con Utrera (1999: 46) se trata de un paso intermedio hacia el moderno poema en prosa, ya que aún alterna prosa y verso.

Desarrollo: Charles Baudelaire

Les Petits Poèmes en prose (1869) de Baudelaire se consideran el culmen del género, puesto que los poemas en prosa de *Gaspard de la nuit* (1842) se conciben como cuadros que describen fundamentalmente sentimientos, es decir, se trata de descripciones estáticas de una época pasada, por lo que no se corresponden con la modernidad del nuevo género. No obstante, la obra de A. Bertrand constituye una novedad de la que él mismo era consciente y, aunque no la calificara como poesía en prosa, «sí sabía que se trataba de una nueva modalidad genérica diferente de los experimentos anteriores» (Utrera, 1999: 60). En definitiva, podríamos definir la obra de Bertrand de la siguiente forma:

El poema en prosa de Bertrand participa de una amplia serie de características, algunas de ellas contradictorias, desde la descripción pictórica, la narración entrecortada, la afición por el detalle y la anécdota, la inclusión de diálogos, el reflejo del mundo sobrenatural fantástico y onírico, el conflicto social, las escenas callejeras, el canto elegíaco o hímnico, etc. Todo ello ordenado en la estructura básica de la balada en prosa (Utrera, 1999: 69).

Charles Baudelaire tomará como modelo *Gaspard de la nuit*, así lo explicita en la en la carta a Arsène Houssaye. No obstante, aunque lo reconozca como modelo, el poeta se propone algo radicalmente diferente, por lo que insertará sus pequeños poemas en prosa en el marco de la ciudad:

> (…) l'idée m'est venue de tenter quelque chose d'analogue, et d'appliquer à la description de la vie moderne, ou plutôt d'*une* vie moderne et abstraite, le procédeé qu'il avait appliqué à la peinture de la vie ancienne, si étrangement pittoresque (Baudelaire, 1971: 6).

De este modo, Baudelaire constituirá un punto de inflexión en el desarrollo del género, pues, si bien hay claros precedentes, su obra lo afianzará y se instaurará como modelo para las generaciones posteriores.

Asimismo, resulta fundamental en este caso prestar especial atención a la dedicatoria a Houssaye, ya que en ella establece los rasgos fundamentales del poema en prosa: «Es Baudelaire quien da nombre al género y quien define sus rasgos esenciales» (Utrera, 1999: 78). Cabe mencionar que el poeta comienza la dedicatoria defendiendo su novedosa manera de escribir poemas estableciendo una de las características del género, la autonomía: «Nous pouvons couper où nous voulons, moi ma rêverie, vous le manuscrit, le lecteur sa lecture; car je ne suspends pas la volonté rétive de celui-ci au fin interminable d'une intrigue superfllue» (Baudelaire, 1971: 6). Así, los poemas no se encuentran supeditados a un hilo narrativo a modo de macroestructura como los capítulos de una novela, sino que constituyen por sí mismos composiciones autosuficientes. A continuación, podemos dilucidar la intención del poeta al escribir *Les Petits Poèmes en Prose* a través de la siguiente interrogación:

> Quel est celui de nous qui n'a pas, dans ses jours d'ambition, rêvé le miracle d'une prose poétique, musicale sans rythme et sans rime, assez souple et assez heurtée pour s'adapter aux mouvements lyriques de l'âme, aux ondulations de la rêverie, aux soubresauts de la conscience? (Baudelaire, 1971: 7).

En este sentido, el poeta persigue el ideal romántico de la libertad creadora del genio: la expresión sin trabas de la interioridad.

Sin embargo, confiesa haberse distanciado de su propio modelo y ser consciente de estar haciendo algo distinto que «ne peut qu'humilier profondément un esprit qui regarde comme le plus grand honneur du poète d'accomplir *juste* ce qu'il a projeté de faire» (Baudelaire, 1971: 9). Quizá por no haber sido fiel a su propia poética considere el poema en prosa como un género menor, al igual que A. Bertrand; incluso, hay autores que señalan que el adjetivo *petits* se corresponde con esa concepción.

En suma, Baudelaire se muestra plenamente consciente de haber creado algo distinto a lo anterior con una voluntad artística revolucionaria. Sitúa sus poemas en prosa en el marco de la decadencia de las ciudades, donde encontramos personajes marginales y la expresión de las pasiones más bajas del ser humano, como tendremos ocasión de ver. Asimismo, defiende el fragmentarismo de su obra y la autonomía de sus poemas que no poseen un hilo narrativo que los encadene y, sobre todo, a partir del título *Petits Poèmes en Prose* se evidencia la brevedad que se constituirá como rasgo distintivo del género.

En relación, ahora, con los pequeños poemas en prosa, cabe destacar un procedimiento retórico que Baudelaire vincula estrechamente con la esencia de este nuevo género: la alegoría. Los distintos tonos que hallamos entre los poemas e, incluso, dentro de cada uno evidencia

> la complejidad literaria de unos textos que poseen diferentes niveles de lectura y cuya carga simbólica [...] permite dar a lo anecdótico realista e incluso costumbrista una trascendencia inexistente en otros autores que practican el género (Utrera, 1999: 110).

Se trata, en fin, de lo que Wordsworth defendía para sus *Lyrical Ballads*: seleccionar el lenguaje y las escenas de la vida cotidiana para hacerlas transcender a través de la imaginación. La alegoría se convierte así en una de las técnicas ideales para la manifestación y expresión del espíritu, «étant prose par son aspect concret, narratif et descriptif, et poésie par son aspect abstrait, symbolique et spirituel. Elle est donc bien comme le langage le plus natural du poème en prose» (Lemaitre, 1971: 33).

A este respecto, es especialmente importante la figura del paseante o *flâneur* que ya se encontraba en *Gaspard de la Nuit* y que constituirá un elemento fundamental para el género del poema en prosa (Utrera, 1999: 62). De esta figura se sirve Baudelaire para recorrer y observar las escenas y paisajes propios de la ciudad. Utiliza, en muchas ocasiones, la tercera persona gramatical para las descripciones, técnica que le permite, además, distanciarse del objeto descrito, sobre todo, referido al contraste entre clases sociales, como en los poemas «Les yeux des pauvres», «Le joujou du pauvre» o «Assommons les pauvres!».

Muchas veces la contemplación del *flâneur* da lugar a una vinculación con el *tableau* (Utrera, 1999: 117), pues el elemento pictórico se introduce en la obra de Baudelaire por «la ambición de abarcar miméticamente la realidad desde la visión subjetiva y selectiva del *flâneur*» (Utrera, 1999: 118). Se diferencia de las descripciones estáticas y atemporales de A. Bertrand por integrar, al contrario, el devenir temporal de lo cotidiano. En relación con esta figura, merece especial atención la definición que realiza Utrera:

> El *flâneur* es la versión moderna del artista convertido en espejo multiforme de la realidad urbana que se ve obligado a salir de un espacio personal único, cerrado y puramente objetivo y lírico de la poesía anterior para dar cuenta de la vida de la ciudad y crear así una nueva épica de la modernidad. Por contraposición al héroe épico tradicional, centro de los espacios que atraviesa y de las situaciones a las que se ve sometido, el héroe de la nueva poesía cede su protagonismo para dar cuenta del cambio y la diversidad de su época (Utrera, 1999: 122).

Del mismo modo, es capital la introducción en los poemas en prosa –y, por extensión, en la prosa en general– de elementos burlescos e irónicos que desmitifican los valores líricos tradicionales: «La trivialidad, lo transitorio y cambiante, la realidad de la vida cotidiana, las situaciones anecdóticas y meramente circunstanciales son también parte de ella [la belleza]» (Utrera, 1999: 87). Baudelaire, pues, participa del gusto por lo grotesco y lo sórdido que pueblan la ciudad y los sucesos cotidianos. Ejemplos de ello bien pudieran ser los poemas «Le chien et le flacon», «Le gâteaux», «La fausse monnaie» o «La corde», todos ellos referentes de una realidad cruda camuflada, en ocasiones, tras la ironía –como es el caso del primero–.

Es interesante que nos detengamos en un poema como «Le mauvais vitrier», ya que expresa, desde mi punto de vista, una de las pasiones más bajas del ser humano de forma directa, la perversidad que lo posee en los momentos más inesperados y hacia los seres más inocentes, además, sin arrepentimiento: «qu'importe l'éternité de la damnation à qui a trouvé dans une seconde l'infini de la jouissance?» (Baudelaire, 1971: 45). Asimismo, nos referiremos al poema «Les yeux des pauvres» en el que expresa los dos extremos de la sensibilidad humana encarnados, en este caso, en la compasión del poeta y en la frialdad de la amada, de lo que se deriva una imposibilidad de comunicación o comprensión. Así, cuando una familia pobre se detiene a contemplar el espectáculo de luces que ofrece la cafetería en que se halla la pareja al anochecer, el poeta siente ternura y vergüenza por el lujo que se están permitiendo, mientras que la amada siente incomodidad y desprecio hacia los ojos atónitos de los pobres: «Tant il est difficile de s'entendre, mon cher ange, et tant la pensé est incomunicable, même entre gens qui s'aiment!» (Baudelaire, 1971: 123).

En consecuencia, se ha cuestionado el carácter lírico de los poemas en prosa baudelairianos e, incluso, su consideración como poemas. Sin embargo, es totalmente consecuente con su poética: si el poema en prosa tiene por objetivo expresar las *ondulaciones* del alma, no podemos reprochar a Baudelaire haber expresado las suyas. En otras palabras, si el espíritu de Baudelaire se aleja de la contemplación de la belleza ideal tradicional y encuentra otro tipo de belleza en lo perverso, en lo grotesco, en lo irónico, ¿no es nuestro deber aceptarlo? Mientras que existan obras que quiebren las expectativas de un género, solo nos queda aceptar su existencia. Lo paradójico de este caso es que se le niegue al propio modelo su permanencia en el género que ha inaugurado.

Desarrollo: parnasianos, decadentistas y simbolistas

Baudelaire se posiciona como maestro indiscutible del nuevo género, por lo que su obra se concebirá como modelo, si bien las generaciones posteriores se alejarán de su poética, como es natural en el devenir histórico de la literatura. De esta manera, en Francia surgirán las tendencias parnasiana, decadentista y simbolista que contribuirán, en diferente medida, al desarrollo del poema en prosa. Dado que el género es eminentemente francés, debemos detenernos en su desarrollo posterior en lengua francesa antes de acercarnos al poema en prosa español que, además, se caracteriza por representar un desfase cronológico respecto a este.

Anterior a las mencionadas tendencias es la obra de Lautréamont, *Les Chants de Maldoror* (1868), cuyo propósito de ofrecer una «nueva orientación a la poesía y de encontrar un nuevo lenguaje» (Utrera, 1999: 143) es fundamental, pues inicia un nuevo camino en el género. Se trata de una obra ambigua, ya que «puede leerse como poesía, novela, autobiografía, prosa poética agrupada en cantos de carácter fragmentario o simples poemas en prosa» (Utrera, 1999: 144) –ambigüedad que será natural en obras posteriores como *Platero y yo*–. Se consideran los cantos, no obstante, demasiado largos como para vincularlos a la poesía, pero es destacable la ausencia de un interés novelístico.

Por añadidura, se suele vincular más al protagonista con los personajes del «género fantástico o maravilloso que a la primera persona lírica o al observador objetivo de la realidad» (Utrera, 1999: 146), por ello se ha señalado la influencia más acusada de *Night Thoughts* de Young (1742-1745) que la de Bertrand o Baudelaire. Se considera, al fin y al cabo, un «gran poema en prosa equivalente a la antigua epopeya» (Utrera, 1999: 147), pero no un poema en prosa propiamente dicho, de acuerdo con la distinción mencionada en párrafos anteriores. No obstante, quizá debiéramos aceptar su *desviación* del género como un tipo diferente de poema en prosa, dada la inherente condición polimórfica del género. Además, de acuerdo con Utrera (1999: 147) el característico caos de la obra de Lautréamont ejercerá una influencia notable en las tendencias literarias posteriores y, sobre todo, en Arthur Rimbaud, como veremos a continuación.

Arthur Rimbaud consigue ofrecer una nueva concepción del género a la manera de los pequeños poemas en prosa baudelairianos, lo cual inaugura una nueva dirección influenciada por la necesidad de encontrar una lengua propia –*trouver une langue*–. La crisis que experimenta la poesía en esa época y la crisis personal que atraviesa el poeta se traducen en la búsqueda de un nuevo lenguaje que da lugar a la liberación de la palabra de sus ataduras sintácticas. «No será, pues, una representación ordenada acorde con lo externo, sino la expresión del caos radical de las cosas en correspondencia con la verdad interna y fragmentaria del artista» (Utrera, 1999: 150), por lo que se evidencia ya la ruptura con el Romanticismo.

Por consiguiente, Rimbaud reprochará a Baudelaire el excesivo cuidado de la forma, lo cual no eclipsaba la admiración que sentía por su obra. El poeta defenderá un poema en prosa liberado de toda exigencia formal y, al igual que el de Baudelaire, acorde al ritmo interior del poeta, aunque este se haya transformado. Se propone rechazar la tradición anterior para expresar su radical interior, para lo cual no puede servirse del verso artificial ni del cuidadoso esquema prosístico: es la disolución de la forma y del sentido lo que permitirá un nuevo lenguaje poético, de acuerdo con Utrera (1999: 155). Según Cernuda, esta constituiría la tercera etapa del poema en prosa: «Bertrand representa la fase primera de la evolución del género; los *Petits Poèmes en Prose* (1869), de Baudelaire, la fase segunda; *Les Illuminations* (1886), de Rimbaud, la tercera, de riqueza inagotable aun en nuestro tiempo» (Cernuda, 1964: 68).

Al igual que la mayoría de sus antecedentes, la obra de Rimbaud se vincula con la pintura, aunque de una forma distinta, pues su prosa más descriptiva

> se corresponde con la estética pictórica que parte del impresionismo y del postimpresionismo con el propósito de desdibujar los nítidos perfiles de la realidad y subordinar la imagen a la percepción personal (Utrera, 1999: 158).

Se puede observar una doble actitud de rechazo y de admiración por el mundo que le rodea, por la modernidad en *Illuminations* (Utrera, 1999: 159). A diferencia de Baudelaire, su dinamismo se encuentra en el caos del lenguaje, en el ritmo. Por esta razón, algunos teóricos y escritores posteriores han negado la condición de verdaderos poemas, tanto para *Illuminations* como para *Une saison en enfer*, lo cual vuelve a resultar paradójico tratándose, de acuerdo con Cernuda, del máximo representante de la tercera fase del género.

En otro orden de ideas, los poetas parnasianos retoman el modelo del poema en prosa de Bertrand, «caracterizado por el pintoresquismo y la sólida formación lírica basada en los efectos de la repetición y la división estrófica que marca habitualmente el estribillo» (Utrera, 1999: 165). A pesar de existir divergencias internas, los parnasianos coinciden en condenar el verso hueco, pero también el excesivo sentimentalismo de la tradición anterior, por lo que «el poema en prosa se concibe como pieza de orfebrería, breve y trabajada» (Utrera, 1999: 168). Con todo, «prefieren el verso como modelo absoluto del rigor formal» (Utrera, 1999: 167), por lo que su aportación al género no irá más allá de considerarlo como una pieza de museo, idea que retomarán generaciones posteriores como los modernistas.

Sin embargo, cabe destacar que poetas como Paul Verlaine o Stéphane Mallarmé se alejarán de la obsesión formal para adentrarse en la profunda búsqueda de un lenguaje personal. Por un lado, Paul Verlaine seguirá la estela de Baudelaire «dando cuenta de los aspectos sórdidos, extraños y desagradables ligados a la ciudad» (Utrera, 1999: 162). En su dedicatoria a Edmond Lepelletier parece vincular su necesidad de expresar la verdad personal con la elección de la prosa frente al verso que, al igual que Rimbaud, se caracteriza por el fragmentarismo. Por otro lado, también Mallarmé «adopta el carácter anecdótico y a veces prosaico de la obra baudelairiana» (Utrera, 1999: 172) sin renunciar a la vertiente del poema artístico de Bertrand. También tomará la figura del *flâneur* para describir y narrar escenas urbanas, lo que «deriva en la evocación, en el recuerdo o en la actualización de paisajes interiores» (Utrera, 1999: 173).

Tras las sucesivas crisis del grupo parnasiano se produce su disolución definitiva y la aparición de una nueva estética, el decadentismo, junto al que surgen las primeras manifestaciones del simbolismo (Utrera, 1999: 190). De esta manera, resulta de gran interés la teoría en torno al poema en prosa de Huysmans que arroja en su novela À *rebours* (1884), pues contiene tanto la narratividad baudelairiana, como la concentración artística de Bertrand (Utrera, 1999: 184):

> Es evidente que los requisitos del poema en prosa tal como lo entiende el protagonista de À *rebours* son su carácter narrativo, su brevedad y, como consecuencia de esta, su intensidad y concentración. El poema en prosa es, en efecto, trabajo de un alquimista de genio, exacto, bello y sugerente al mismo tiempo. La condición sugestiva y la alta estilización que lo acerca al concepto de joya o *bibelot*, típico del pensamiento simbolista sobre la poesía y, en concreto, sobre el género del poema en prosa, conlleva consecuentemente la idea de que se trata de una modalidad genérica aristocrática, solo apreciada realmente por algunos escogidos, de espíritus delicados y superiores (Utrera, 1999: 185).

Por otro lado, los poetas simbolistas «no son sino continuadores de las exigencias de renovación métrica que nacen con el Romanticismo» (Utrera, 1999: 190), lo que acabará derivando en la aparición del verso libre. Así, los simbolistas crean una prosa marcada por la métrica tendente a la regularidad y por la rima asonante dando lugar a una prosa rítmica como la de los *Lieds de France* de Méndès; también tienden a mezclar la prosa con el verso como en los *Palais Nomades* (1887) de G. Kahn.

Sin embargo, «este modelo del poema en prosa y de la prosa de intención lírica traiciona, en realidad, el espíritu de Bertrand y Baudelaire, que pretendían, explícitamente este último, dar a la prosa la nobleza de la poesía en verso, pero manteniendo su autonomía» (Utrera, 1999: 190), puesto que se vuelve a asimilar la prosa al verso destacando, además, la superioridad de este. Ya hemos aludido al hecho de que en muchas ocasiones se denominan *prosa* o *poesía* algunas obras únicamente por su disposición tipográfica (Utrera, 1999: 191): en este caso, se denomina *prosa* a una expresión que posee los efectos del verso y que aspira a su musicalidad, lo que «terminará cediendo el paso al verso libre» (Utrera, 1999: 191).

En suma, el poema en prosa ha explotado sus límites y se constituye ya como una modalidad caduca que comienza a ser sustituida por el verso libre y la prosa poética:

> a finales del siglo XIX y principios del XX van a gestarse, no sin contradicciones, diferentes tendencias que pueden simplificarse o bien en el predominio del verso en sus diferentes variedades o bien en el de la prosa poética que rompe ya con la unidad y la brevedad del poema en prosa (Utrera, 1999: 193).

En conclusión, hemos tenido ocasión de comprender en este subapartado la gestación del nuevo género desde sus antecedentes hasta la eclosión entre A. Bertrand y Baudelaire, siendo este último el que constituirá un verdadero cambio de rumbo y marcará las pautas para las generaciones posteriores. A pesar de representar poetas como Rimbaud, Verlaine o Mallarmé una nueva dirección en el poema en prosa, la intención de *trouver une langue* alejará las obras de su primitiva concepción romántica, pues se llevará al extremo el deseo de libertad formal, lo cual, lejos de constituir una *traición*, responde al devenir natural de la literatura. De esta manera, el poema en prosa romperá sus límites hasta perder la lógica formal y el sentido, por lo que se convertirá en un instrumento de experimentación hasta dar lugar a concebirlo como una pieza de museo, una joya o *bibelot*, inclinándose cada vez más hacia los rasgos propios del verso y anhelando sus efectos hasta dar paso inevitablemente al verso libre en un proceso inverso al de su creación original.

2.3. El poema en prosa en España

La cuestión de la poesía más allá del verso no constituyó en España una verdadera preocupación y, por lo tanto, tampoco pareció representar una polémica para los neoclásicos como Luzán, Feijoo o Iriarte, ya que «La opinión implícita generalizada es que la literatura se expresa por medio del verso, de manera que la prosa quedaría excluida del ámbito artístico» (Utrera, 1999: 34).

Por consiguiente, en España «No existe, como en Francia, la preocupación por crear una nueva prosa cercana al mundo personal y subjetivo. Tampoco existe un apoyo teórico para la valoración de una poesía en prosa» (Utrera, 1999: 36). No será hasta la llegada del modernismo cuando se considerará de forma práctica la prosa como medio para la expresión poética. No obstante, hubo claros antecedentes del poema en prosa como las *Noches lúgubres* (1790) de Cadalso o las *Leyendas* de Bécquer; además, a nuestro país llegaron los ecos de las modas europeas, por lo que no se trata de un género desconocido. Por esta razón, no se puede afirmar con rotundidad que no existiera una reflexión acerca de la poesía en prosa: la cuestión es que se reflexionó, si bien de forma escasa, para rechazarla, como veremos a continuación.

De acuerdo con Utrera (1999: 125), la escasa atención prestada a este género se debe a la fugacidad del movimiento romántico en España y a la carencia de una unidad de pensamiento que se opusiera a las numerosas manifestaciones antirrománticas. Tampoco hubo una base teórica que acompañara la práctica literaria y que cuestionara profundamente la poética tradicional, por lo que «a la prosa no solo se contrapone el verso sino la poesía en general» (Utrera, 1999: 126).

Origen y antecedentes

Por lo general, se señala a Bécquer como antecedente directo del poema en prosa español, si bien hubo más lejanos antecedentes, de acuerdo con Aullón de Haro (2016: 145): José Somoza, Pedro Pimferrer y Enrique Gil y Carrasco, respecto a los cuales cabe tener en cuenta la siguiente cita:

> [...] la aparición aislada de estas prosas de carácter fragmentario, poético-narrativo o alegórico, no tuvo desarrollo ni entidad suficiente como para que uno o varios autores pensaran en la posibilidad de escribir una serie que se integrase en libro ni estuvo acompañada de ninguna reflexión crítica o teórica que hiciera posible hablar en tales años del género del poema en prosa como forma autónoma y bien delimitada. Esta indeterminación se ve acentuada por el mayor desarrollo de otros géneros, como la novela o el cuento de carácter poético, más extendidos y reconocidos por parte de autores y lectores (Utrera, 1999: 134).

De nuevo, la escasa atención prestada a este tipo de prosa se debe a una falta de respaldo teórico que la apoyara, además del desarrollo y popularidad que experimentaron los géneros narrativos como la novela o el cuento.

Cernuda, por su parte, señala como antecedente del género *El señor de Bembibre* (1844) de Enrique Gil, pero afirma que «Es Gustavo Adolfo Bécquer quien adivina en España la necesidad de la poesía en prosa y quien responde a ella y le da forma en sus *Leyendas*» (Cernuda, 1964: 63). Se desconoce si la intención de Bécquer al escribir poesía en prosa fue análoga a la de los poetas franceses, pero Cernuda cree tener la seguridad de que Bécquer leía francés, por lo que defiende la plena consciencia del poeta al escribir sus *Leyendas*. A todo ello se une la voluntad de «atentar contra la conformación clásica o clasicista» (Cernuda, 1964: 64) del verso español, lo que presupone una intención clara de transformación por parte del poeta. Con todo, las *Leyendas* poseen un fuerte hilo narrativo, además de ser bastante extensas, lo cual dificulta su clasificación como poesía (Utrera, 1999: 137): «en la pugna entre ambas intenciones, contar y cantar, la primera acaba por malograr la segunda» (Cernuda, 1964: 67).

En España el gusto por lo exótico se introdujo a través de Bécquer, inclinación que comparte con uno de sus antecedentes franceses, Nodier, además del «interés por los viejos mitos, los seres extraños y sobrenaturales y los espacios misteriosos» (Utrera, 1999: 139) de A. Bertrand. Esta es la principal diferencia respecto a Baudelaire, pues Bécquer, al igual que Bertrand, «realiza un retrato de la vida antigua adaptado a su marco temporal» (Utrera, 1999: 139). Es inevitable relacionar la obra de Bécquer con el impresionismo pictórico por los juegos de luces y sombras y su gusto por el color (Utrera, 1999: 139), algo común en las obras de este estilo, concebidas como poesía en prosa o no. De esta manera, al contrario que Baudelaire, «Bécquer no participa del gusto por la disonancia, ni de las imágenes de la vida urbana, ni del detalle desagradable o estridente asociados a la modernidad» (Utrera, 1999: 140), lo cual marcará más tarde el carácter del poema en prosa en España. A pesar de que Bécquer no escribiera pomas en prosa, su obra resultará decisiva para el desarrollo posterior del género, de lo contrario

> el poema en prosa de Juan Ramón Jiménez en su *Platero y yo* o del mismo Cernuda en *Ocnos* hubiera sido probablemente muy distinto, ya que estos autores adaptan a su particular estilo cierto registro tipista, casi costumbrista, aunque muy estilizado, que desde luego no procede de Baudelaire ni de las posteriores reelaboraciones del poema en prosa francés (Utrera, 1999: 140).

Como ya hemos adelantado, para hallar un verdadero interés y esfuerzo teórico sobre la poesía en prosa debemos esperar al siglo XX (Utrera, 1999: 131). En este sentido, resulta fundamental mencionar los dos caminos en que se divide la prosa del siglo XIX, de acuerdo con Cernuda (1964: 62): el de la prosa lírica y el de la prosa costumbrista que expresa la realidad contemporánea. Será el primer camino el que se verá influenciado, sin duda, por la moda francesa del poema en prosa que en España se desarrollará con el auge del movimiento modernista.

Antes de adentrarnos en el modernismo, es preciso detenerse en la polémica sobre el verso y la prosa entre Campoamor, Núñez de Arce y Clarín durante el siglo XIX. En esta época se acusó la necesidad de acercar el lenguaje del verso al de la prosa, lo cual defendió Ramón de Campoamor en un principio: «En su *Poética* (1883) reivindica, en efecto, el lenguaje natural y despojado de artificio de la tradición de Jorge Manrique» (Utrera, 1999: 202). Así, defenderá la democratización del verso y la aristocratización de la prosa.

Siguiendo a Utrera (1999: 201-213), cabe señalar que tras la polémica entre Núñez de Arce y Clarín se tenderá a acoger toda forma de prosa científica sin desdeñar, no obstante, la poesía. A pesar de ello, Campoamor entenderá que se desdeña la poesía en verso en favor de la prosa, lo cual negarán tanto Juan Valera como Clarín. Llegados a este punto, es ya evidente el desarrollo de la novela en España y el favor del que goza por parte de escritores y lectores. Así las cosas, Campoamor radicalizará su postura: despreciará la prosa y negará la existencia de la poesía más allá del verso y, con ello, la prosa poética que comienza a imponerse.

Por su parte, Clarín subrayará la excelencia de la prosa, en concreto, de la novela alegando poseer esta un «carácter más universal y humano» siendo así «más perenne que la belleza del arte que se centra en el cuidado formal y que se ciñe a la indisoluble armonía entre verso e idea» (Clarín apud Utrera, 1999: 204). Sin embargo, Clarín no desdeña el verso, pues afirma que «la lírica superaría a la novela en relación a las cualidades musicales y al poder sugestivo y de evocación mística y melancólica» (Clarín apud Utrera, 1999: 205). Clarín no separa verso y prosa como formas contrarias, sino que considera al primero una especie del segundo, una «modalidad específica del lenguaje», compartiendo así las mismas cualidades. Además, como Wordsworth, cree que «el verso bueno debe tener todas las cualidades de la prosa buena… más las suyas especiales» (Clarín apud Utrera, 1999: 205).

De acuerdo con Utrera (1999: 205), es evidente que Clarín conocía las innovaciones de la prosa francesa. Resulta reveladora la publicación de su artículo «Pequeños poemas en prosa. Prólogo», que recuerda indudablemente a los *Petits Poèmes en Prose* de Baudelaire, aunque se trate de una obra crítica; es el «primer esbozo teórico sobre el género en lengua española» (Utrera, 1999: 206). En él, subraya la libertad que supone escribir en prosa y la mayor y mejor adecuación a los sentimientos, pues considera su lenguaje más auténtico. De forma reveladora, Utrera (1999 208) señala que «la hermosura y la poesía existen, en realidad, no en el poema sino en la vida» (Utrera, 1999: 208), una de las ideas fundamentales de este trabajo. Por esta razón, se hace cada vez más evidente la posibilidad de la poesía en prosa.

A pesar de todo, hemos de tener en cuenta que en ningún momento Clarín se refiere al poema en prosa, sino que defiende cualquier tipo de prosa y, en especial, la de la novela. En este sentido, Torremocha (1999: 209) cree que el rechazo en España al género francés se debe a una necesidad de «reafirmar el casticismo y la tradición propia», lo cual no es exclusivo de nuestro país, pues también ocurrió en Inglaterra.

Desarrollo: modernistas

Como hemos indicado con anterioridad, hemos de esperar hasta el desarrollo del movimiento modernista para hallar una preocupación práctica por el poema en prosa que constituirá entonces una realidad en nuestra lengua. «Son, como es sabido, los poetas y prosistas hispanoamericanos los que comienzan a renovar el panorama literario» (Utrera, 1999: 209), pues ellos carecen del peso de la tradición, es decir, no necesitan reafirmar una identidad cultural propia frente a otras, sino encontrarla, por lo que miran hacia Europa sin complejos, en especial, a Francia, como indica Utrera (1999: 209). Es evidente la influencia simbolista y parnasiana en el modernismo hispanoamericano, ya que los poetas «adoptaron la propensión al pulimento de la forma de los segundos y el cuidado conceptual y temático y la precisión de la imagen poética de los primeros» (Peña, 2003: 34). Se reconocen como precursores, de acuerdo con Peña (2003: 36), a Manuel José Othón, Justo

Sierra, Manuel González Prada y Manuel Gutiérrez Nájera, entre otros, en cuyas obras, no obstante, aún pesa demasiado el elemento narrativo.

Así, en plena polémica entre verso y prosa en la península, Rubén Darío publica *Azul…* (1888), obra que revolucionará el panorama literario y se consolidará como modelo para el poema en prosa en lengua española (Peña, 2003: 36). Como señala Peña, *Cantos de vida y esperanza* representa el *otro* modernismo, la vertiente más humana que anuncia la estética posmoderna de autores como Gabriela Mistral, que «revoluciona el poema en prosa cuando hace a la mujer elemento indispensable del mismo, ampliamente ligado a la búsqueda de la belleza universal» (Peña, 2003: 37).

En relación con este vínculo entre el modernismo y los poetas franceses, cabe señalar que uno de sus principales propósitos será el de unir música y poesía para expresar el ritmo interior «en armonía y correspondencia con la perfección y la belleza del universo» (Utrera, 1999: 210), algo que ya se propusieron los franceses. De esta manera, los modernistas anhelarán unir poesía y prosa, poesía y pintura, poesía y música, etc., en definitiva, pretenden la creación del *arte total* reivindicado por los simbolistas (Utrera, 1999: 211). Como hemos anticipado en la introducción, «Si cabe la posibilidad de unir la palabra a la música o a la pintura, no extrañará entonces que se aproximen hasta confundirse la prosa y el verso» (Utrera, 1999: 222).

A pesar de la innegable influencia del modernismo para el desarrollo del poema en prosa, estudiosos como Utrera (1999: 213) o Aullón de Haro (apud Utrera, 1999: 213) insisten en que en España ya existía el clima literario propicio para el género y que las obras de Juan Ramón Jiménez y Luis Cernuda beben de la tradición española becqueriana, no de la hispanoamericana ni de la francesa. Es preciso mencionar que el propio Rubén Darío había elogiado la prosa de Pereda, de Clarín, así como la obra de Santiago Rusiñol que «llevó el impresionismo lírico y subjetivo no solo a sus cuadros sino a su prosa» (Utrera, 1999: 258).

De acuerdo con Utrera (1999: 257-261), destaca la ruptura del párrafo largo de los realistas y naturalistas españoles por parte de la llamada *generación del 98* para favorecer una sintaxis más adecuada a la impresión. Es preciso aludir, en este sentido, a la obra de Miguel de Unamuno que posee claros ecos modernistas, pero con las innovaciones de la nueva prosa, cuyo mejor ejemplo quizá sea *San Manuel Bueno, Mártir* (1931). Por otro lado, es reveladora su voluntad de llamar la atención en *Prosas rítmicas* sobre lo que era, en realidad, verso y no prosa, «Lo que por un lado obliga al lector a estar más alerta a su lectura y no dejarse llevar del artificio tipográfico –que a las veces simula versos donde no los hay– y por otro lleva más papel» (Unamuno apud Utrera, 1999: 259). Por su parte, Díaz-Plaja considera de la misma manera a Valle-Inclán «uno de los precursores del género del poema en prosa en España» (Utrera, 1999: 260), de claro eco modernista también.

Sin embargo, será Juan Ramón Jiménez quien resucite el género de forma definitiva, en especial, a través de *Platero y yo* (1914), obra con la que «nacería, pues, la prosa española moderna» (Utrera, 1999: 269). Hemos de tener en cuenta la faceta crítica del poeta que le llevó a reflexionar a lo largo de su vida sobre poesía y prosa, entre otras cuestiones, lo cual evidencia una plena consciencia por transformar su obra: «Juan Ramón Jiménez adopta la misma actitud ante el lenguaje y emplea el mismo inventario de recursos expresivos en el verso y en la prosa, con la excepción obvia de aquellos elementos privativos del verso» (León, 2001: 198).

Desarrollo: Juan Ramón Jiménez

Como ya hemos tenido ocasión de señalar, *Platero y yo* (1914) es probablemente la obra que mejor se ajusta hasta ahora a la concepción del género del poema en prosa, al menos de forma más clara. A continuación, se expondrá una serie de argumentos que apoyan esta tesis para después comparar esta obra con *Ocnos* (1942) de Luis Cernuda y, de la misma manera, resaltar los elementos más llamativamente identificados con el género, así como sus peculiaridades. La selección de ambas obras responde al hecho de ser consideradas por la mayoría de estudiosos los mayores exponentes del género en España.

Así, *Platero y yo* parece responder a todas las exigencias del género, especialmente, a los presupuestos originales del Romanticismo, salvando las distancias. Si bien se ha reprochado a los poetas prosistas cierta falta de lirismo y cierto exceso de narratividad desde Baudelaire –además de traicionar su intención originaria–, no ocurre así con Juan Ramón Jiménez, al menos en esta obra. Es conocida la dificultad que supone clasificar *Platero y yo*, pues muchos la consideran prosa poética, mientras que otros la consideran un conjunto de poemas en prosa o incluso un gran poema en prosa. En fin, se trata de una obra que ha recibido numerosas denominaciones: «Estampas líricas, autobiografía, diario, relato poético, elegía andaluza, balada, narración novelesca intimista, retratos, descripciones, meditaciones, recuerdos, etc. son algunos de los calificativos que se atribuyen a *Platero*» (Utrera, 1999: 270).

En primer lugar, *Platero y yo* carece de un hilo narrativo, condición indispensable para considerar una obra como poema en prosa –algo que ya determinó Baudelaire–, por lo que se debería descartar su consideración como prosa poética. A pesar de poder apreciar una suerte de transformación con un suceder temporal a partir del paso de las estaciones –comenzando por la primavera– y de la muerte de Platero, no se observa un nudo, ni una intriga ni una verdadera evolución en los personajes. Así, pues, si bien podemos observar algunos elementos que unifican la obra, no son razón suficiente para considerar que exista el hilo narrativo propio del relato, de acuerdo con J. M. Adam (Adam apud Marimón, 2006: 17-19).

Cabe mencionar, no obstante, que algunos de los poemas en prosa de *Platero y yo* se acercan al género del cuento como «La fantasma», que posee una clara estructura de inicio («La mayor diversión de Anilla la Manteca, cuya fogosa y fresca juventud fue manadero sin fin de alegrones, era vestirse de fantasma»), nudo («De pronto, un espantoso ruido seco, como la sobra de un grito de luz que nos dejó ciegos, conmovió la casa») y desenlace («[…] abajo ya, junto a la flor de noche que, mojada, exhalaba un nauseabundo olor, la pobre Anilla, vestida de fantasma, estaba muerta, aún encendido el farol en su mano negra por el rayo»). Con todo, no se trata de una contradicción, puesto que la inmensa mayoría de textos son heterogéneos, es decir, apenas encontraremos un texto puramente narrativo o puramente descriptivo: lo natural es que se dé ese carácter mixto, según Adam, J. (1992) y no por ello «La fantasma» se aleja del género del poema en prosa, pues se vincula fundamentalmente con la intención del autor, como hemos indicado anteriormente.

En segundo lugar, *Platero y yo* responde a lo que se propuso desde Baudelaire como requisito indispensable del género: la brevedad, que refuerza la intensidad lírica tan pretendida del poema en prosa. Asimismo, la obra presenta una división en poemas –al no tratarse de una novela, no sería adecuado denominarlos capítulos– integrados en una unidad, pero que poseen autonomía suficiente como para ser considerados construcciones autónomas, otro de los rasgos fundamentales que señaló Baudelaire. De acuerdo con León (2001: 199), podríamos clasificar *Platero y yo* como un conjunto de poemas en prosa integrados.

En tercer lugar, hallamos la figura del *flâneur* o paseante, tan característica del género. En este caso, está representada por el propio poeta que, o bien a lomos de Platero, o bien caminando a su lado, recorre Moguer destacando las personas, los paisajes o los momentos más simbólicos: los niños, los gitanos, los pescadores, la torre, el arroyo, el pino de la corona, el carnaval, la vendimia, la primavera, etc. Resulta fundamental la pasión de Juan Ramón por la pintura, pues encontramos numerosas referencias a pintores y cuadros en los poemas además de la inherente función pictórica de las descripciones, un gusto extendido y compartido por los cultivadores del género.

En este sentido, Juan Ramón arroja sobre los poemas en prosa su visión de Moguer, realiza un ejercicio de descripción mimética atravesada por su percepción hipersensible que, no obstante, no se nos antoja privativa y exclusiva, pues se expresa de manera tal que pudiera ser también la nuestra: «Ya la mañana tiene calor de siesta y la chicharra sierra su olivo [...]» (Jiménez, 2015: 104), «[...] un sol opaco y débil clarea apenas en el cielo crudo, sin nubes, todo gris en vez de todo azul» (Jiménez, 2015: 244). El poeta logra con estas descripciones hacer equivalente la imagen mental que nos conformamos a través de sus palabras con la imagen mental que poseía él al escribirlas, la función convencional de la descripción según Bernárdez: «semejanza entre la imagen mental del productor y la del intérprete del texto» (Bernárdez, 2000: 338). Asimismo, cumple otro de los requisitos del poema en prosa: la expresión de la interioridad sin trabas.

A este respecto, cabe realizar una apreciación, puesto que la pretendida expresión natural sin artificios que defendían poetas como Wordsworth resulta bastante difícil de conseguir si se escribe literatura que, al fin y al cabo, no deja de ser un arte, por lo que la técnica cobra una importancia considerable. Es precisamente a través de las numerosas metáforas, sinestesias, metonimias e hipálages como consigue Juan Ramón deslizar su imagen mental hacia el lector. Así es como logramos al leer *Platero y yo* crear un cuadro, una pintura, una fotografía mental que casi se diría que podemos ver, oler, tocar, lo cual pudiera constituir la mayor originalidad de la obra.

Es conveniente hacer referencia al cambio de escenario respecto a sus predecesores, pues se desplaza de la ciudad al pueblo «retomando la vertiente realista y costumbrista que tanta importancia tenía unos años antes» (Utrera, 1999: 271), lo cual responde a la peculiaridad del poema en prosa español, de clara vertiente becqueriana. Juan Ramón no se propone, a diferencia de sus predecesores franceses, expresar el hastío que provoca la modernidad, el anonimato de la urbe, la agitación, etc., sino expresar, quizá, el mismo sentimiento de hastío o melancolía en relación con un espacio personal –Moguer y la memoria– tamizado por su hipersensibilidad: «la actitud de reflejar en la escritura la realidad es, en esencia, la misma» (Utrera, 1999: 271).

A este respecto, Juan Ramón no se opone a la visión castiza de Azorín o de Machado, sino que opone, de acuerdo con Blasco y Gómez Trueba (1994: 154), dos formas de *mirar* la realidad cotidiana enfrentando así la imagen infantil de Moguer a la imagen del tiempo real de la escritura. Se trata, en fin, de

> un logradísimo tender amarras hacia las cosas, para –preñándolas con su *deseo* y su *nostalgia*– construir con ellas una nueva realidad más vital y más fecunda. Más vital, porque transforma las cosas en valores y normas para la vida; y más fecunda, porque su virtud no se agota en el poeta, sino que lo trasciende, haciendo –dice ese bello poema de *Eternidades*– «que por mí vayan todos / los que no las conocen, a las cosas» (Blasco y Gómez Trueba, 1994: 151).

En definitiva, *Platero y yo* es un canto a la vida y a la muerte y, a diferencia de lo que muchos sostienen, no se trata únicamente de una idealización del pasado de Moguer: Juan Ramón logra expresar con suma precisión los aspectos de la vida moguereña, desde lo más inocente como la ilusión infantil de los niños y de Platero –al que considera un niño– («La corona de perejil», «Alegría», «Los Reyes Magos») hasta lo más cruel como la enfermedad y la muerte de los mismos («El niño tonto», «La fantasma», «La muerte»). Es preciso tener en cuenta que hay algunos poemas críticos como «La fábula», «Asnografía» o «Don José, el cura» que pudieran recordar al estilo baudelairiano. Sin embargo, el poeta no participa de esa crueldad de la vida –como sí hacía mayormente Baudelaire, además, de forma muy irónica–, sino que la observa desde una perspectiva humana en la que predomina un sentimiento trágico de compasión, lo que genera en gran medida el lirismo de la obra.

Como podemos comprobar, no cabe reprochar a Juan Ramón Jiménez la falta de lirismo que se le reprochó a poetas anteriores, ni una extensión en demasía de los poemas, ni una excesiva narratividad o un inoportuno prosaísmo. Si bien nuestra postura, manifiesta de forma reiterada a lo largo del trabajo, desaprueba dichas críticas, no podemos obviar el hecho de que en *Platero y yo* fueran, de haberlas, por completo infundadas. De acuerdo con la poética general de los estudiosos respecto al poema en prosa –cuestión sobre la que volveremos más adelante–, ¿no sería *Platero y yo* la obra de entre las estudiadas que más fielmente se correspondiera con el poema en prosa? ¿Acaso no contiene la pura esencia poética que todos reconocemos –ingenua y románticamente– que debe tener la poesía, además de responder a las primitivas exigencias del género?

En otro orden de ideas, la deseada emancipación del lenguaje literario llegará unos años más tarde de la mano de la vanguardia que convertirá al lenguaje en símbolo de rebelión, de acuerdo con Peña (2003: 36). La búsqueda de la palabra perfecta ha tenido diferentes caminos en la historia de la literatura: si bien ya los románticos se lo propusieron, fue de una forma radicalmente diferente a la de los vanguardistas. De todos modos, cabe insistir en el fin último y común que se esconde tras esta búsqueda: la liberación del lenguaje.

En lo que los vanguardistas en su mayoría y antes los simbolistas y parnasianos *traicionan* el espíritu original del poema en prosa es en la desarticulación del sentido. Además, como hemos adelantado en párrafos anteriores, desde finales del siglo XIX la crisis del poema en prosa en Francia es evidente, lo cual no hace más que acrecentar la confusión en España entre sus límites y los de otros géneros –para más inri, carecemos de una tradición del mismo (Utrera, 1999: 321)–. Así, pues, se produce un proceso inverso al igual que en Francia: por un lado, se acerca la prosa de nuevo al verso y, por otro lado, se desarrolla la prosa poética.

> Los movimientos de vanguardia españoles muestran también un interés especial por los géneros de la prosa poética dinámica y fragmentaria, fundamentados en las imágenes de la vida moderna. Al mismo tiempo, la poesía vanguardista en verso prescinde de la rima y la regularidad silábica y asimila definitivamente el lenguaje prosaico y coloquial como parte esencial de la expresividad lírica, aspecto con el que ya habían experimentado poetas anteriores y que provoca el efecto estético de la irregularidad y la disonancia que rompen con las convenciones poéticas tradicionales (Utrera, 1999: 319).

Los poemas en prosa vanguardistas se alejan cada vez más de la concepción original del género hasta el punto de resultar difícil su adhesión al mismo por la falta de lógica y por la desarticulación del sentido que persiguen, lo cual, no obstante, no debería ser un obstáculo para su clasificación, pues ocurrió lo mismo en Francia con los poetas parnasianos, decadentistas y simbolistas. Sin embargo, no parece que los vanguardistas alberguen una intención clara de renovación del poema en prosa como género, sino que más bien se sirven de él como instrumento de experimentación para transformar su propio lenguaje. A este respecto cabe señalar que *Ocnos* (1942) –obra de un poeta fundamentalmente vanguardista– es considerada el culmen del género en España. Se trata de una obra, en cierto modo, intemporal como *Platero y yo* precisamente por no vincularse con ningún movimiento literario.

Desarrollo: Luis Cernuda

Como final de este recorrido por la historia del poema en prosa en España, hemos de referencia a *Ocnos* (1942) de Luis Cernuda, respecto del cual Aullón de Haro (2016: 158) afirma que hizo lo que cronológicamente correspondía a Bécquer, por lo que partimos del mencionado desfase cronológico respecto al poema en prosa francés. *Ocnos* es considerado por la mayoría de estudiosos el culmen del género junto a *Variaciones sobre tema mexicano* (1952). Personalmente, defiendo una perspectiva distinta que iré exponiendo a la par que trataré los elementos más destacables del género en esta obra, así como sus peculiaridades, al igual que con la obra de Juan Ramón.

En primer lugar, no solo los teóricos, sino también el propio Cernuda, insisten en marcar una acusada diferencia entre *Ocnos* y *Platero y yo* fundamentalmente en cuanto al lenguaje. Cierto es que el estilo de Cernuda es bastante más sencillo, despojado de muchas de las figuras literarias que utilizó el poeta de Moguer en su obra, pero en esencia se trata de las dos obras que mejor representan el género del poema en prosa en España, por lo que en términos de género presentan escasas diferencias. Sin embargo, estudiosos como Utrera (1999: 382) señalan que precisamente la diferencia fundamental de Juan Ramón Jiménez respecto a Luis Cernuda es «la falta de composición del poema en favor del ornato del discurso y el protagonismo de las palabras, que oscurecían la autenticidad de la vivencia que se pretende plasmar» (Utrera, 1999: 382).

Personalmente, difiero de la anterior idea e insisto en que es precisamente a través de las figuras literarias como Juan Ramón consigue recrear en el lector una imagen mental completa que provoca un despertar absoluto de los sentidos; es así como logra comunicar de forma plena su percepción. En cambio, Cernuda presenta una imagen en *Ocnos*, a mi parecer, más sesgada, más impresionista, pues ofrece mucho menos detalle y hace un uso más reducido de las figuras literarias. Sus descripciones son, la mayoría, muy estáticas, pues se suele poner el foco de atención en objetos inmóviles tales como los artículos en venta de las tiendas («El bazar»), los productos del mercado («Mañanas de verano»), las flores, estanques y fuentes de los jardines («Jardín antiguo», «El destino»), las distintas partes de la ciudad («La ciudad a distancia», «Ciudad de la meseta»), etc. El hecho de centrar sus descripciones en estos objetos –de un gusto muy modernista, por cierto– aleja la sensibilidad del lector de su vivencia, pues no transmite en esas ocasiones sensaciones ni emociones, sino una profunda admiración estética por las cosas materiales que, en muchos casos, sirve para una ulterior reflexión.

Por esta razón, no considero que exista en absoluto una falta de composición en *Platero y yo* en favor del ornato, ni que este oscurezca la *autenticidad de la vivencia*, pues, al contrario, la exalta, a diferencia de la mayoría de composiciones de Cernuda en las que la falta de implicación del sujeto en la misma y la focalización en objetos materiales oscurecen precisamente esa autenticidad. Sin embargo, hay que tener en cuenta que las diferencias con respecto a la obra de Juan Ramón no son motivo para reprochar a Cernuda su visión del mundo –al contrario de lo que algunos estudiosos consideraron respecto a Juan Ramón–, pues el propio poeta se propuso de forma consciente y determinada distanciarse del que un día fue su modelo y «llevar a la poesía la naturalidad expresiva del lenguaje hablado» (Utrera, 1999: 379).

En segundo lugar, se ha señalado la presencia del *flâneur* en la obra de Cernuda siguiendo la estela baudelairiana (Utrera, 1999: 377). Sin embargo, no es tan evidente como en *Platero y yo* o *Les Petits Poèmes en Prose*, pues la mayoría de poemas de *Ocnos* se basan, como hemos señalado, en descripciones estáticas. No hallamos de forma tan clara una figura que recorra el pueblo o la ciudad de un rincón a otro y que arroje su visión del mundo, su percepción de esa realidad dinámica a la obra. Esa percepción Cernuda la expresa a través de reflexiones que se desprenden a partir de la descripción de un objeto a modo de pretexto. Por ejemplo, en el poema «La casa», el objeto de la casa sirve como pretexto al poeta para reflexionar sobre lo azaroso y cambiante de su vida, como si hubiera sido una suerte de nómada: «Un día, otro día, desapareció tan inesperada como vino. Y seguiste rodando por tantas tierras, algunas que ni hubieras querido conocer» (Cernuda, 2003: 148). Como vemos, se trata de una forma diferente de expresar la realidad circundante que el poeta hace trascender a través de tales reflexiones, por lo que observamos una diferencia al procesar lingüísticamente esa percepción, puesto que en Luis Cernuda hallamos una realidad estática protagonizada por las reflexiones o los recuerdos.

En este sentido, es conveniente mencionar las diferentes personas gramaticales que utiliza el poeta en su obra: primera, segunda y tercera persona se refieren o se dirigen en realidad al poeta mismo. En *Ocnos*, más directamente que en *Platero y yo*, se observa esa referencialidad al poeta, pues no camufla la comunicación consigo mismo a través de una suerte de diálogo epistolar con otra figura −como es Platero−. Quizá sea esto lo que lleve a los teóricos a considerar *Ocnos* más cercano al lenguaje de la poesía que *Platero y yo*, pero la técnica que utiliza Juan Ramón comunica más directamente las vivencias, y es que al dirigirse Cernuda de forma tan directa a sí mismo excluye en cierto sentido al lector de la experiencia personal que se propone, mucho más que en *Platero y yo*, como una especie de diario íntimo o memoria.

Con todo, no debemos pasar por alto los poemas de *Ocnos* que expresan vivencias, reflexiones y críticas con las que el lector se puede sentir más directamente identificado y que aportan, en gran medida, el lirismo de la obra precisamente por ese elemento humano: «El miedo» («A través de la ventanilla del coche iba viendo cómo el cielo palidecía, desde el azul intenso de la tarde al celeste desvaído del crepúsculo, para luego llenarse lentamente de sombra»), «El estío» («Ligereza admirable del cuerpo al despertar en las mañanas de estío, el calor generoso aún atemperado a esas horas tempranas […]»), «Belleza oculta» («Y con la visión de aquella hermosura oculta se deslizaba agudamente en su alma, clavándose en ella, un sentimiento de soledad hasta entonces para él desconocido»), «El amante» («[…] yo les contemplaba invisible en la oscuridad, tal desde otro mundo y otra vida pudiéramos contemplar, ya sin nosotros, el lugar y los cuerpos que amábamos»), etc.

En tercer lugar, estudiosos como Utrera (1999: 385) consideran que *Ocnos* expresa «un concepto mucho más moderno del género» por la introducción del elemento crítico y reflexivo que lo acerca a la obra baudelairiana, así como la ruptura de las expectativas en poemas como «Las viejas» –que tanto recuerda a «Les veuves»– que permite indagar en «las posibilidades dialógicas del poema en prosa» (Utrera, 1999: 385). Personalmente, no comparto del todo tal afirmación, puesto que no necesariamente la introducción de esos elementos ha de ser un síntoma de *modernidad* una vez situados en el siglo XX. Sí creo, al contrario, que *Ocnos* se acerca de una forma distinta y más estrechamente a las convenciones originales del género, pues es evidente la huella baudelairiana, mucho más que en Juan Ramón Jiménez. A este respecto, Aullón de Haro afirma que «de haber tenido un modelo [Cernuda], este haya sido el de Baudelaire» (Aullón de Haro, 2016: 158), por lo que podríamos considerar que su obra *retoma* la tradición francesa, si bien no es del todo su modelo, pues ya hemos señalado la inevitable y evidente impronta de Bécquer tanto en Juan Ramón como en Cernuda.

Para concluir esta comparación, podemos diferenciar, llegados a este punto, dos trayectorias en cuanto a ambas obras: Juan Ramón Jiménez parece responder a lo que se esperaba del poema en prosa en un sentido romántico y original desde la perspectiva de los teóricos, mientras que Cernuda sigue la estela –en cierto sentido alejada de las expectativas del género– de sus antecesores introduciendo el elemento crítico y reflexivo, o sea, desde la perspectiva de los propios poetas. Tanto una como otra constituyen dos formas distintas de abordar el género del poema en prosa, dos formas que no se excluyen y que no difieren en lo esencial del género. Se trata de una diferencia natural teniendo en cuenta la intención manifiesta de Cernuda por distanciarse de su maestro: en ello reside fundamentalmente su originalidad.

En conclusión, en este subapartado hemos tenido la ocasión de realizar un acercamiento al recorrido histórico del poema en prosa en España para comprender que, si bien el modernismo jugó un papel fundamental para su desarrollo y su práctica efectiva, ya existía en España un ambiente propicio para su creación que, de hecho, se retomó más tarde. Por esta razón, se acepta de forma general que autores posteriores como Juan Ramón Jiménez o Luis Cernuda beben de la tradición española becqueriana con mucho más peso en sus obras que la francesa o la hispanoamericana y es lo que otorga en gran medida su originalidad y relevancia.

3. Definición, características y tipología

Como se ha señalado al principio del trabajo la labor de definición, caracterización y tipologización del poema en prosa se muestra ardua por la falta de atención que se le ha prestado por parte de los teóricos desde sus inicios y por su propia condición de antigénero. Recordemos que muchos estudiosos consideran que el poema en prosa se actualiza en cada obra, en cada autor, por lo que una definición y caracterización unitarias han resultado complicadas. Por ello, como ha señalado Jiménez Arribas (2008: 126), la mayoría de trabajos teóricos sobre el género, al menos en España, «parecen eludir el planteamiento final de una definición del mismo, optando más bien por el seguimiento del fenómeno a lo largo de la historia».

A este respecto, Jiménez Arribas (2008: 137) objeta a la obra de Utrera (1999) «la ausencia de unas páginas finales en las que se recapitule y proponga una mínima teoría del poema en prosa, tal y como promete el título de la obra», si bien reconoce que constituye un paso fundamental en el estudio del género en España, ya que ubica los antecedentes y los máximos exponentes hispánicos en un marco más amplio. Por consiguiente, aún se precisa una teoría del poema en prosa en España, tal y como denuncia Jiménez Arribas.

A pesar de ello, sería conveniente a modo de cierre unificar las diferentes definiciones que los teóricos han aportado en sus investigaciones, así como destacar las principales características del género vislumbradas tanto en esas investigaciones como en las obras de los propios poetas para un adecuado acercamiento al poema en prosa, de acuerdo con las dimensiones de este trabajo. Finalmente, se podría esbozar una tipología teniendo en cuenta la presentada por León (2001) respecto a la obra de Juan Ramón Jiménez y la presentada por Aullón de Haro (2016), pues parecen acoger la mayoría de poemas en prosa mencionados en el trabajo.

Así, pues, comenzaremos citando en primer lugar la definición de Díaz-Plaja: «Denominamos *poema en prosa* toda entidad literaria que se proponga alcanzar el clima espiritual y la unidad estética del poema sin utilizar los procedimientos privativos del verso» (Díaz-Plaja, 1956: 3). Se trata de una definición bastante clara de la esencia del poema en prosa, que no es otra que la del poema en verso, sin el límite que este impone. Sin embargo, hay que tener en cuenta la diversa variedad de poemas en verso, pues no todos se proponen alcanzar cierto lirismo, por lo que el autor puntualiza: «Partiendo de una intencionalidad estética, de una *voluntad artística*, quedarían eliminados, en primer término, aquellos textos cuya finalidad fuese meramente didáctica o lógica» (Díaz-Plaja, 1956: 4).

En segundo lugar, Domínguez (1985: 115), partiendo también de la definición de Díaz-Plaja, señala que «Con el concepto de *poema en prosa* se designa el hecho poético prescindiendo de su forma métrica. Y aunque se encuentren elementos rítmicos, regidos por el principio de la recurrencia, es evidente que ya no rigen las leyes de la recurrencia métrica» (Domínguez, 1985: 115). Es decir, el poema en prosa es un género distinto con plena esencia y autoridad respecto al poema en verso, si bien comunican en esencia lo mismo.

Por último, Aullón de Haro define de la siguiente manera el género: «El poema en prosa es un género poético breve de ideación moderna» (Aullón de Haro, 2016: 133), enunciado que señala, además, algunas de sus características fundamentales. A continuación, el autor explica cada una de ellas:

> La calificación de poético remite básicamente a este predominio artístico por encima de su alternativo ensayístico. La calificación de brevedad en principio no es más que, dentro del relativismo comparativo, una mera comprobación cuantitativa apenas sujeta a alguna especulación. El uso del

concepto *ideación* aquí de algún modo se propone salvaguardar, en lo posible, un sentido de creación originaria que en mi consideración de fondo le es previo (como después veremos) y, de otra parte, hacer patente un aspecto de *intención* e incluso doctrinal o programático. En fin, la especificación de modernidad responde a un fenómeno histórico así sustanciado (Aullón de Haro, 2016: 133).

Como vemos, en el corazón de la propia definición se vislumbran algunas de las características fundamentales del poema en prosa como la brevedad, la poeticidad o la modernidad. En cuanto a la brevedad, como bien indica Aullón de Haro, se trata de una comprobación cuantitativa, pero es preciso considerarla como característica fundamental en tanto que ha servido como criterio diferenciador respecto a otros géneros. Se considera que la brevedad dispara un efecto de intensidad, de concentración que apela directamente a los sentidos, a las emociones, por lo que intensidad y concentración se erigirían como características fundamentales, lo cual, no obstante, no es exclusivo del poema en prosa, pues aparece también en el cuento y en la propia poesía en verso. A pesar de ello, hay que tener en cuenta que no todas las obras se ajustan a este criterio; recordemos, por ejemplo, los poemas en prosa de Baudelaire que, si bien el mismo poeta los califica de *petits*, la mayoría son más extensos de lo que cabría esperar.

En cuanto a la poeticidad, se trata de un rasgo polémico e inestable. Hemos tenido ocasión de comprobar que no todas las obras se adecúan a dicho criterio, pues hallamos poemas burlescos y un gusto por lo grotesco, poemas que carecen de sentido o que se proponen como *bibelots*, etc. En definitiva, la mayoría de obras no responden a la búsqueda de poeticidad entendida en un sentido romántico, principalmente, porque pertenecen a corrientes literarias posteriores, pero hallamos a través de las descripciones cierta atmósfera lírica e intimista muy relacionada con el espacio de la memoria y la percepción personal.

La modernidad, por su parte, hace referencia directa al contexto histórico en que surgió el género y, curiosamente, se mantiene desde entonces hasta la actualidad. A pesar de haber transcurrido alrededor de tres siglos, el poema en prosa se sigue concibiendo como género de la modernidad. Un elemento que sí ha variado es el escenario de la ciudad, pues no se halla ni en *Platero y yo* ni en *Ocnos*, debido a la influencia de la tradición becqueriana, es decir, de la tradición española en contraposición a la francesa o la hispanoamericana.

Otra característica que se presenta como esencial por su recurrencia es la figura del *flâneur* o paseante unida a la condición mimética y al elemento pictórico. El poema en prosa, desde Baudelaire, se ha caracterizado por la presencia del *flâneur*, el paseante que hace gala de una *poética de la mirada* a través de la cual expresa lo que le rodea con la mayor fidelidad y sinceridad posible –idealmente al menos–, como si de un cuadro o de una fotografía se tratara. El *flâneur*, como ya hemos indicado, se caracteriza por ceder su protagonismo al objeto al que presta atención; se trata de hacer trascender la realidad descrita a través de la perspectiva personal. En este sentido, cabe mencionar que muchas veces se ha relacionado el poema en prosa con el diario o las memorias, pues, en obras como *Ocnos* el objeto descrito pertenece a un escenario del recuerdo. En definitiva, el paseante se presenta como una figura distanciada de la realidad, lo cual, paradójicamente, le permite conocerla y comprenderla mejor debido a su intrínseco carácter observacional; es lo que se ha denominado *poética de la mirada*.

Desde una perspectiva formal, cabe destacar el fragmentarismo de las obras y la autonomía de cada poema: no existe un hilo narrativo, pero los poemas pueden estar integrados en un marco más amplio, como es el caso de *Platero y yo* y poseer cierta intertextualidad entre ellos, algo habitual en el género. Asimismo, se aboga por un lenguaje natural, diferenciado del lenguaje de la poesía en verso, lo que tampoco se cumple en la mayoría de obras incluso aunque el autor se lo proponga. Se trata, en fin, de la utópica *democratización* del lenguaje poético que defendía Wordsworth; sin embargo, se puede apreciar una diferencia de estilo entre los poemas en verso y los poemas en prosa de un mismo autor, pues resultan más fácilmente comprensibles, por lo general, estos últimos que los primeros, ya que al fin y al cabo verso y prosa no responden a las mismas necesidades comunicativas.

Por último, merece especial atención el ritmo, si bien resulta un rasgo en cierto modo polémico. Según el *Breve diccionario de términos literarios*, el ritmo es «la sensación acústica producida por la distribución de los elementos fónicos de la cadena hablada» (Estébanez, 2015: 521); es el resultado de la combinación de tres elementos: la cantidad, el tono y la intensidad, siendo en las lenguas romances el acento de intensidad el elemento predominante. El ritmo se puede producir tanto en verso como en prosa, siendo en esta evidente «el esquema de entonación de cada frase [,] en la distribución de los acentos, en las recurrencias de grupos fónicos, palabras, sintagmas, proposiciones y oraciones de estructura similar» (Estébanez, 2015: 521).

A este respecto, estudiosos como Díaz-Plaja (1956: 20) o Peña (2003: 35) coinciden en destacar la recurrencia como rasgo indispensable para el ritmo. Para el primero es evidente la tendencia a la expresión rítmica del lenguaje que en la prosa castellana es fácilmente observable, siendo muy frecuentes los octosílabos, para lo cual, ofrece el ejemplo del *Padrenuestro* (Díaz-Plaja, 1956: 12).

Teniendo en cuenta la atención prestada por los formalistas rusos al ritmo, es inevitable mencionar algunas de sus definiciones. Por un lado, Brik define el ritmo de la siguiente manera:

> se llama ritmo a toda alternancia regular, independientemente de la naturaleza de lo que alterna. El ritmo musical es la alternancia de los sonidos en el tiempo. El ritmo poético, es la alternancia de las sílabas en el tiempo; el ritmo coreográfico, la alternancia de los movimientos en el tiempo (Brik, 1970: 107).

En otras palabras, hay ritmo siempre que haya «una repetición periódica de los elementos en el tiempo o en el espacio» (Brik, 1970: 107). Por otro lado, Tomachevski sostiene que «El ritmo es siempre concreto, está fundado únicamente en los elementos de la pronunciación que podemos oír o tomar en consideración; estos elementos se encuentran tanto en un discurso rítmico como en un discurso no rítmico» (Tomachevski, 1970: 117), es decir, que no solo se encuentran en los discursos en que el ritmo es un rasgo esencial, sino que ya están presentes en las lenguas naturales. Por último, según Tinianov «un mismo elemento [el ritmo] desempeña papeles distintos en sistemas diferentes» (Tinianov, 1970: 91), lo que viene a destacar la funcionalidad del ritmo en los diferentes géneros y sistemas.

Se trata de una característica polémica, porque al afirmar que el ritmo es inherente a las lenguas naturales, hay estudiosos que restan importancia a su presencia en el poema en prosa, pues no sería entonces más que un elemento natural del que dispone el ser humano para comunicarse. Sin embargo, otros estudiosos defienden el ritmo como característica indispensable del poema en prosa concibiéndolo como un elemento utilizado por el poeta con voluntad artística, de manera que explotar las recurrencias ya mencionadas sería el instrumento más eficaz para conseguirlo. Hay otra postura, quizá la más interesante, que defiende que el ritmo de la prosa está en correspondencia con la naturaleza y, por tanto, se erige esta como más adecuada para expresar el ritmo interior del poeta, en correspondencia también con el universo, una concepción esencialmente romántica que defiende así el género del poema en prosa frente al poema en verso (Utrera, 1999: 40-41).

Por último, prestaremos atención las clasificaciones del poema en prosa de Aullón de Haro (2016) y de León (2001), pues en ellas tendrían cabida la mayoría de tipos de poemas en prosa, al menos, los más recurrentes. En este sentido, Aullón de Haro propone un esquema basado en la disposición externa y en la disposición interna, de manera que diferencia entre el poema en prosa breve/extenso y el suelto/integrado en cuanto a la primera, y de tendencia descriptiva y/o narrativa, de tendencia discursiva y/o reflexiva y de tendencia lírica en cuando a la segunda. El esquema quedaría, entonces, del siguiente modo:

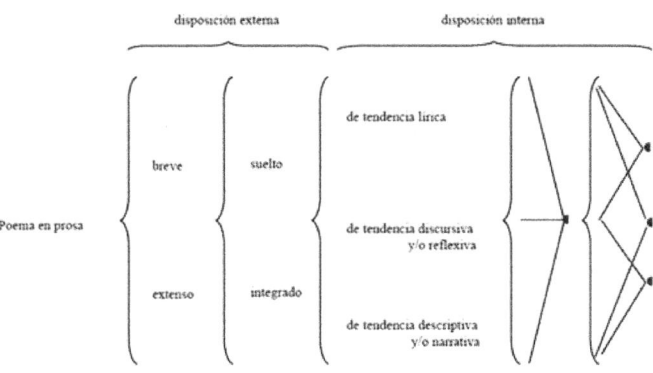

Aullón de Haro, 2016: 136

Por su parte, León (2001: 199) ofrece una tipología en relación con la obra de Juan Ramón Jiménez que resulta suficientemente general como para poder aplicarla a otros autores y a otras obras. Así, distingue entre el poema en prosa largo, el poema en prosa breve y el poema en prosa integrado. El primero se podría denominar *discursivo* y se caracteriza fundamentalmente por su extensión; el segundo se correspondería con los límites convencionales del género, o sea, entre media página y tres; el tercero tendría una extensión media similar al segundo tipo, pero se trataría de una obra amplia en la que tendría cabida una serie de poemas en prosa con autonomía suficiente como para considerarlos construcciones independientes entre los que se establecen, como ya hemos indicado, relaciones intertextuales.

En definitiva, se trata de dos clasificaciones que atienden a criterios formales de extensión, pues resulta ser a priori el criterio más fiable para una tipología del poema en prosa y el que tradicionalmente se ha utilizado para diferenciarlo de otros géneros. Es importante la clasificación temática que realiza Aullón de Haro, pues por lo que hemos podido comprobar, los poemas en prosa más largos suelen ser más narrativos que los breves que suelen presentar una tendencia lírica a través de la descripción. A mi juicio, se debe a que el efecto principal de la brevedad es la intensidad por la concentración de elementos y no da cabida a un mayor desarrollo de la anécdota, acercándose bastante al género del cuento sin llegar, no obstante, a presentar una intriga.

4. Conclusiones

Para concluir, me gustaría hacer referencia a algunas cuestiones mencionadas a lo largo del trabajo que comprendo de forma diferente. En primer lugar, es preciso aludir a la concepción –o poética– que del poema en prosa posee la mayoría de teóricos, pues se pretende clasificar dentro de la literatura la poesía como género más puro y artístico y dentro de la poesía aquella que apela al lirismo, a las emociones y sensaciones, al recuerdo, etc. Independientemente de que coincidamos o no con esta postura, hay que destacar que se está ignorando la mayoría de obras literarias que, por supuesto, no encajan en esta concepción. En este sentido, los poemas metafísicos, religiosos y morales de Quevedo, ¿dejarían acaso de ser poesía? A mi juicio, la teoría del poema en prosa se ha revestido de una poética que se corresponde con una perspectiva totalmente subjetiva: pocos osarán cuestionar que los poemas de Quevedo sean, efectivamente, poemas, mientras que sí se ha cuestionado que ciertos poemas en prosa sean poemas en prosa, quizás por la novedad del género.

A este respecto, se han generado unas expectativas en cuanto al poema en prosa que en muy pocas ocasiones se han cumplido, lo cual ha llevado a los teóricos a condenar dichas obras. Desde mi punto de vista, parece que no se ha llegado a comprender realmente el poema en prosa, pues ¿cómo podemos negar que *Les Petits Poèmes en Prose* de Baudelaire sean poemas en prosa si se trata de la obra que inaugura el género? Por esta razón, es fundamental prestar atención a los testimonios de los propios poetas, incluso a los testimonios de poetas como Wordsworth que reflexionaron sobre la posibilidad de la poesía en prosa.

Por añadidura, se ha tomado como criterio para rechazar estos poemas un exceso de narratividad en favor de la descripción. Sin embargo, si dirigimos nuestra mirada a la lingüística, sabremos que los textos son en su mayoría heterogéneos y que apenas existen los textos puros, por lo que lo habitual sería la mezcla, en este caso, de narración y descripción –y seguramente de otros tipos de texto–, como ya hemos indicado. En este sentido, tal criterio quedaría obsoleto, por lo que se precisaría de otros criterios probablemente formales para considerar un poema en prosa como tal; incluso la propia intención del autor podría servir de guía como han señalado algunos teóricos.

En cuanto a la narratividad, en ocasiones se ha considerado que la temporalidad es una característica suficiente para determinar que un texto sea una narración. A este respecto, es preciso citar a un lingüista como Ochs, para el que «[...] este atributo temporal es una caracterización necesaria, pero no suficiente de la narrativa [...]. Las narraciones describen mucho más que un orden de sucesos» [Ochs, 2000: 277]. Es necesario que se den los elementos esenciales de la narración en conjunto, de lo contrario tendríamos otros tipos de texto, pero no estrictamente narraciones. Un elemento indispensable para que haya narración es la intriga, que diferencia, además, el poema en prosa de géneros como el cuento. No obstante, hemos tenido ocasión de comprobar que los límites son difusos y que precisamente la gran variedad de tipos de poemas en prosa y su condición de antigénero dificultan una definición clara.

En segundo lugar, es conveniente reflexionar acerca de lo que la mayoría de estudiosos y poetas prosistas considera: que no hay diferencias esenciales entre la prosa y el verso. Es cierto que si nos proponemos crear un poema en prosa probablemente no diste mucho de su posibilidad en verso, pero desde mi punto de vista, una forma de expresión no sustituye a la otra como se ha pretendido implícitamente, pues poseen diferentes funciones. Esto responde a una concepción del poema en prosa como poética más que como género, pues se propone como una nueva y mejor forma de expresar la poesía, por lo que está implícita la idea de reemplazo –cuando no la explicitan los propios poetas o teóricos–. Díaz-Plaja, por ejemplo, considera el poema en prosa como «no solo el género literario privativo de nuestro tiempo, sino el polo más o menos confesado que imanta la aguja magnética de la poesía actual» (Díaz-Plaja, 1956: 23).

De esta manera, se crea una poética que defiende la poesía en prosa como género de la modernidad, del presente y del futuro, más adecuado al espíritu actual en inevitable detrimento de la poesía en verso, caduca y tradicional. Sin embargo, la modernidad o tradicionalidad no reside, quizá, en la forma, sino en el contenido o en la perspectiva con que se trate el contenido. Cierto es que la fábula, por ejemplo, es una forma tradicional que a ojos de la actualidad pudiera resultar un ejercicio de virtuosismo pretencioso, pero no creo que se pueda decir lo mismo de la poesía en verso si además se defiende que no tiene diferencias esenciales respecto a la poesía en prosa. Teniendo en cuenta esta equidad, entonces ¿por qué habría de plantearse la necesidad de reemplazar la poesía en verso por la poesía en prosa? A mi juicio, esa necesidad evidencia que existen algunas diferencias, pues no parecen tener la misma función.

La poesía en verso posee cierta licencia que permite al poeta ser, de algún modo, ambiguo y dejar al lector una mayor libertad en cuanto a la interpretación. Por el contrario, en la poesía en prosa el poeta se ve precisado a hilar lógicamente las ideas entre una frase y otra, entre un párrafo y otro, evitando la ambigüedad en la expresión, a pesar de que el mensaje que quiera transmitir pudiera carecer de sentido. A pesar de coincidir personalmente con los argumentos que se ofrecen a favor de la poesía en prosa como medio más efectivo para la expresión de la esencia poética, no coincido en el anhelado y definitivo reemplazo de la poesía en verso, pues hallo una diferencia fundamental que tiene que ver con la comunicación entre el poeta y el lector: la poesía en verso no parece perseguir el mismo propósito que la poesía en prosa, pues esta se elige como respuesta a una necesidad comunicativa, mientras que la otra se elige, probablemente, buscando una ruptura en la comunicación apoyada, no obstante, en el pacto con el lector.

En definitiva, tras realizar un acercamiento al recorrido histórico del género del poema en prosa, tanto por sus circunstancias socio-históricas como literarias –en Francia y en España–, hemos podido comprender la esencia del poema en prosa, por qué surgió y con qué fines. Asimismo, gracias a la lectura de las obras más relevantes del género, hemos podido tener una mirada crítica, puesto que algunas teorías se han alejado de las obras en sí y han olvidado los testimonios de los propios poetas o, al menos, los han ignorado. En muchos casos, a pesar de haberles prestado atención, la poética en torno al género ha impedido una verdadera comprensión del mismo, de lo que se ha derivado, en su mayor parte, las críticas a los propios poetas por no adecuarse a las convenciones del género, convenciones que muchas veces ha creado la teoría. Se trata, en fin, de un género que apenas contó con un interés teórico y práctico en sus inicios en España, lo que puede deberse a la fugacidad del movimiento romántico en nuestro país, como ya hemos señalado. Sin embargo, el desfase cronológico no impidió que proliferaran más tarde brillantes poemas en prosa como los que hemos tratado en el trabajo.

En conclusión, se trata de un género que goza de vitalidad aún en la actualidad y que podría erigirse como el género de la modernidad tal y como anhelan algunos teóricos. No obstante, debo insistir en que hallo una diferencia notable entre prosa y verso que tiene que ver con el tipo de comunicación poeta-lector y que a mi juicio resulta esencial, pues de lo contrario hace tiempo que la poesía en verso hubiera desaparecido. Una vez más debemos llamar la atención sobre la actitud transigente de los teóricos y estudiosos, pues su deber es el de aceptar las obras que existen a pesar de su *desviación* del género que, probablemente, implique una diferencia crucial –¿qué fue, si no, el *Quijote?*–. Por esta razón se evidencia la necesidad de una teoría completa del poema en prosa que se desprenda de la poética que ha supeditado el género a la subjetividad de los teóricos en detrimento de las obras reales.

Así, pues, la posibilidad de la poesía en prosa demuestra que los límites entre los géneros pueden no ser tan estrictamente precisos, puesto que lo natural es la heterogeneidad de los textos. Asimismo, comprender que la poesía en prosa es solo una posibilidad más entre las que dispara la idea de la poesía más allá del verso resulta crucial para obtener una mirada global que se desprenda de rígidas convenciones genéricas. De esta manera, se vislumbra una inevitable conexión entre las artes y entre los géneros literarios que posibilita la concepción de la poesía como una categoría interartística e intergenérica, como esencia intrínseca a la vida misma.

5. BIBLIOGRAFÍA

Adam, Jean Michel (1992): *Les textes: types et prototypes. Récit, description, argumentation, explication et dialogue*. Paris, Nathan.

Aullón de Haro, Pedro (2016): *Idea de la literatura y teoría de los géneros literarios*. Salamanca, Universidad de Salamanca [Edición y prólogo de Mª Rosario Martí Marco].

Baudelaire, Charles (1962): *Petits Poèmes en prose (Le Spleen de Paris)*. Bourges, Garnier [Edición ilustrada. Introducción, notas, bibliografía y selección de variantes de Henri Lemaitre].

Bernárdez, Enrique (2000): «Estrategias constructivas de la descripción oral». *Revista Española de Lingüística SEL*, 30, pp. 331-356.

Blasco, Javier y Mª Teresa Gómez Trueba (1994): *Juan Ramón Jiménez: la prosa de un poeta. Catálogo y descripción de la prosa lírica juanramoniana*. Valladolid, GRAMMALEA.

Brick, Ósip: «Ritmo y sintaxis» en Todorov, Tzvetan (1965): *Teoría de la literatura de los formalistas rusos*. Buenos Aires, Signos, pp. 107-114 [Traducción del francés de Ana María Nethol (1970)].

Carpentier, Alejo (1949[2018]): *El reino de este mundo*, 3ª reimpr. Barcelona, Planeta [Austral, Contemporánea, Narrativa].

Cernuda, Luis (1942[2003]): *Ocnos*. Madrid, El País [Clásicos del siglo XX].

Cernuda, Luis (1964): *Poesía y literatura II*, 1ª ed. Barcelona: Seix Barral [Biblioteca breve].

Cortázar, Julio (2009[1971]): «Algunos aspectos del cuento» en *Cuadernos Hispanoamericanos* [Nº. 255]. Alicante, Biblioteca Virtual

Miguel de Cervantes, pp. 403-416 [en línea] <http://www.cervantesvirtual.com/nd/ark:/59851/bmc7w6w6>.

Díaz-Plaja, Guillermo (1956): *El poema en prosa en España. Estudio crítico y antología*. Barcelona, Gustavo Gili.

Domínguez, José (1985): *Diccionario de métrica española*. Madrid, Paraninfo [Colección filológica].

Estébanez, Demetrio (2015[2000]): *Breve diccionario de términos literarios*, 2ª ed. Madrid, Alianza Editorial.

García, José Luis (2014[1996]): *La comunicación literaria. El lenguaje literario 1*, 3ª ed. Madrid, Arco/Libros.

Jiménez, Carlos (2005[2008]): «Estudios sobre el poema en prosa», *Asociación Española de Semiótica* [Nº. 14]. Alicante, Biblioteca Virtual Miguel de Cervantes, pp. 125-144 [en línea] <http://www.cervantesvirtual.com/nd/ark:/59851/bmcr5045>.

Jiménez, Juan Ramón (2014[2015]): *Platero y yo*. Madrid, Anaya [Prólogo de Juan Mata Anaya] [Ilustraciones de Thomas Docherty].

Jiménez, Juan Ramón (1981): *Prosas críticas*. Madrid, Taurus [Selección y prólogo de Pilar Gómez Bedate] [Edición del centenario].

León, Benigno (2001): «La poesía en prosa en España: 1939-1975» en *Literatura y sociedad. El papel de la literatura en el siglo XX: [I Congreso Nacional Literatura y Sociedad]*, pp. 195-208 [en línea] <http://hdl.handle.net/2183/11011> [2001].

Marimón, Carmen (2006): «El texto narrativo». Biblioteca de Recursos Electrónicos de Humanidades. E-excelence, Liceus [en línea] <https://www.liceus.com/producto/el-texto-narrativo/>

Ochs, Elinor (2000): «Narrativa» en Van Dijk, Teun A. (comp.): *El discurso como estructura y proceso*. Barcelona, Gedisa, pp. 271-304.

Peña, Cynthia (2003): «Breves apuntes sobre el devenir histórico del poema en prosa en España e Hispanoamérica» en *Céfiro: Enlace hispano cultural y literario*, pp. 34-43. [vol. 3, Nº. 2].

Real Academia Española: *Diccionario de la lengua española*, 23.ª ed., [versión 23.3 en línea]. <https://dle.rae.es> [2020].

Tinianov, Iuri: «Sobre la evolución literaria» en Todorov, Tzvetan (1965): *Teoría de la literatura de los formalistas rusos*. Buenos Aires, Signos, pp. 89-102 [Traducción del francés por Ana María Nethol (1970)].

Tomachevski, Boris: «Sobre el verso» en Todorov, Tzvetan (1965): *Teoría de la literatura de los formalistas rusos*. Buenos Aires, Signos, pp. 115-126 [Traducción del francés por Ana María Nethol (1970)].

Utrera, María Victoria (1999): *Teoría del poema en prosa*. Sevilla, Universidad de Sevilla [Lingüística, Nº. 12].

Wordsworth, William (1800, 1802[1999]): «Preface to *Lyrical Ballads*». Madrid, Hiperión [Edición bilingüe. Introducción, traducción y notas de Eduardo Sánchez Fernández].

Published
in March
2025

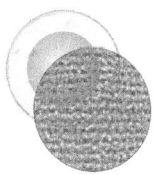

Faber & Sapiens